LES
QUATRE POËTIQUES:

LES QUATRE POËTIQUES:

D'ARISTOTE, D'HORACE, DE VIDA, DE DESPRÉAUX,

Avec les Traductions & des Remarques

Par M. l'Abbé BATTEUX, Professeur Royal, de l'Académie Françoise, de celle des Inscriptions & Belles-Lettres.

TOME SECOND.

A PARIS,

Chez SAILLANT & NYON, Libraires, rue Saint-Jean-de-Beauvais.

DESAINT Libraire, rue du Foin.

M. DCC. LXXI.

AVANT-PROPOS.

Marc-Jérôme Vida naquit à Cremone, Ville d'Italie, l'an de Jésus-Christ 1507. En 1532 il fut fait evêque d'Albe, ville du Duché de Montferat. Aussi bon Théologien qu'excellent Poëte, il eut la science & les vertus de son état. Il mourut en 1566. Il fut honoré de la protection speciale de Léon X, qui avoit pour les Lettres les sentimens héréditaires dans la Maison des Médicis, & qui profita de son élévation au Pontificat, pour les ranimer en Italie, & leur rendre le lustre qu'elles avoient perdu pendant les siecles de barbarie, qui venoient de s'écouler. Ce fut à la sollicitation de ce Pontife, & de Clément VII, qu'il entreprit d'ecrire une Poétique *. Il a fait aussi des Hymnes sacrés, un Poëme sur la Passion de Notre-Seigneur, un autre sur les Vers-à-soie, & un sur les Echecs.

* Vida ayant consacré son talent à la Religion, craignit qu'on ne lui reprochât de s'être trop long-tems arrêté à composer une Poétique. Il se justifie dans une sorte d'inscription qu'on trouve dans quelques éditions, à la tête de cet ouvrage. J'ai cru qu'on la liroit ici avec plaisir.

Quisquis es

Auctor te admonitum vult, se non laudis ergo opus adeò periculosum cupidè aggressum; verùm ei honestis propositis præmiis à duob. summis Pontif. demandatum scito Leon. X. priùs, mox Clem. VII. ambob. ex Etrusc. Medicum clariss. familia: cujus liberalitati atque industria hac atas Literas ac bonas Artes, qua planè extincta erant, excitatas atque reviviscentes debet. Id volebam nescius ne esses.

AVANT-PROPOS.

On reconnoît dans tous ses ouvrages un génie aisé, une imagination agréable, une élocution legère & facile, quelquefois un peu délayée, & peut-être trop nourrie de la lecture de Virgile: ce qui lui donne en quelques endroits un air de centons.

Son Art Poétique, que Jules Scaliger préfere à celui d'Horace*, est ecrit avec autant de methode & de jugement que d'elegance & de goût. Il est divisé en trois chants. Dans le premier, il traite de l'Education du poëte, de la manière de lui former le goût & l'oreille: il indique les auteurs qu'il doit lire; après quoi il crayonne en peu de mots,

* *Tanto majore laude quàm Horatius dignus est, quantò artificiosiùs de Arte agit hic quàm ille.* Poet.l.6.

l'origine & l'histoire de la Poësie. Dans le second, il parle de l'Invention des choses & de leur Disposition, surtout dans l'Epopée, qu'il semble avoir eue seule en vûe dans son ouvrage, qui n'est proprement que la pratique de Virgile réduite en art, ou en principes. Dans le troisiéme, il traite de l'Elocution poëtique, sur laquelle il donne des détails très-instructifs. Il y traite surtout de l'Harmonie imitative des vers, avec une clarté & une précision qu'on ne trouve point même chez ceux qui en ont écrit en prose.

La traduction que nous y avons jointe, est moins littérale que celle d'Horace & d'Aristote, parce que le texte de l'auteur est moins serré moins plein, & que la langue Françoise ne souffre pas si aisément que la Latine, les répétitions d'une même idée sous des termes différens.

Nous avons mis à la suite les Notes latines du P. Oudin, Jésuite, qui sont claires, courtes, pleines de justesse & de goût. Peut-être auroit-il fallu, pour l'uniformité de ce Recueil, les mettre aussi en françois. Mais outre que ce n'est gueres l'usage de traduire en françois des notes, & des notes si modernes, les Maîtres pour qui elles ont été faites principalement, aimeront autant les lire en latin, que dans une traduction, dont ils n'ont pas besoin.

M. HIER. VIDÆ
POËTICORUM.
LIBER PRIMUS.

Sit fas vestra mihi vulgare arcana per orbem
Pierides, penitusque sacros recludere fontes,
Dum vatem egregium teneris educere ab annis,
Heroum qui facta canat, laudesve Deorum,
5 Mente agito, vestrique in vertice sistere montis.

Ecquis erit juvenum, segni qui plebe relictâ
Sub pedibus, pulchræ laudis succensus amore,
Ausit inaccessæ mecum se credere rupi,
Lætæ ubi Pierides, citharâ dum pulcher Apollo
10 Personat, indulgent choreis, & carmina dicunt?

POÉTIQUE
DE VIDA.

CHANT PREMIER.

Vierges du Pinde, qu'il me soit permis de révéler vos mystères, & de découvrir vos fontaines sacrées. J'entreprends de former dès son enfance, un Poëte qui sache chanter les Héros & les Dieux; & de le conduire jusque sur la cîme des monts que vous habitez.

Enfans généreux, qui de vous, embrasé de l'amour de la gloire, & laissant sous ses pieds le lâche vulgaire, osera s'élever avec moi sur ces rochers escarpés, qui retentissent des accords d'Apollon, où les Muses célèbrent leurs danses, & répétent des vers ?

POÉTIQUE

Primus ades, Francisce[1], sacras ne despice Musas,
Regia progenies, cui regum debita sceptra
Gallorum, quum firma annis accesserit ætas.
Hæc tibi parva ferunt jam nunc solatia dulces,
15 Dum procul a patria raptum, amplexuque tuorum,
Ah dolor! Hispanis sors impia detinet oris
Henrico cum fratre. Patris sic fata tulerunt
Magnanimi, dum fortunâ luctatur iniquâ.
Parce tamen, Puer ô, lacrymis, fata aspera forsan
20 Mitescent, aderitque dies lætissima tandem,
Post triste exilium, patriis quum redditus oris,
Lætitiam ingentem populorum, omnesque per urbes
Accipies plausus, & lætas undique voces,
Votaque pro reditu persolvent debita matres.
25 Interea te Pierides comitentur: in altos
Jam te Parnassi mecum aude attollere lucos.

[1] François, Dauphin de France, né le 28 Février 1518. Il fut donné en ôtage à Charles V. pour

Vous paroissez le premier, ô FRANÇOIS! digne Rejeton d'un sang auguste, Vous à qui le sceptre des Gaules est réservé, lorsque votre main sera affermie par les années. Permettez aux Muses de vous approcher. Recevez les douces consolations qu'elles vous offrent; aujourd'hui, qu'un sort malheureux vous arrache, vous & votre auguste Frere, aux embrassemens d'un Pere tendre, & vous retient sur les rives Espagnoles. Ainsi le voulurent les destins de ce Héros, lorsqu'il lutta contre la fortune ennemie! Toutefois, Prince généreux, retenez vos larmes; le sort cruel s'adoucira. Il viendra un jour heureux, où, rendu à votre Patrie, après un triste exil, vous entendrez les cris de joie, & les applaudissemens des peuples, & que les meres attendries s'acquitteront des vœux qu'elles font pour votre retour. En attendant ce moment, que les Muses soient vos compagnes fidelles : osez vous élever avec moi sur les coteaux sacrés du Pinde.

son pere François premier, prisonnier à Madrid, après la bataille de Pavie, en l'an 1525. Le Dauphin fut racheté en 1529.

Jamque adeò in primis ne te non carminis unum
Prætereat genus esse; licet celebranda reperti
Ad sacra sint tantùm versus, laudesve Deorum
30 Dicendas, ne relligio sine honore jaceret.
Nam traxere etiam paulatim ad cetera Musas,
Versibus & variis cecinerunt omnia vates.
Sed nullum è numero carmen præstantius omni,
Quàm quo post divos heroum facta recensent,
35 Versibus unde etiam nomen fecêre minores:
Munere concessum Phœbi venerabile donum
Phæmonoës [2], quæ prima dedit (si vera vetustas)
Ex adyto haud aliis numeris responsa per orbem.

Tu verò ipse humeros explorans consule primùm,
40 Atque tuis prudens genus elige viribus aptum.
Nam licet hîc divos, ac Dîs genitos heroas
In primis doceam canere, & res dicere gestas,
Hæc tamen interdum mea te præcepta juvabunt,
Seu scenam ingrediens populo spectacula præbes,
45 Sive elegis juvenum lacrymas, quibus igne medullas

JE vous apprendrai d'abord que les vers ne sont pas tous d'une même espece. Car quoiqu'ils aient été inventés pour célébrer les bienfaits des Dieux, & relever la majesté des choses saintes, les Poëtes, insensiblement, les ont employés à d'autres objets, & ont mis en vers des matieres de tout genre. Mais de tous les vers, il n'en est point de plus majestueux que celui qu'on emploie à célébrer les Héros; d'où il a été surnommé *héroïque*. Phébus lui-même en prescrivit la forme à la Nymphe Phémonoé, qui, la premiere, si on en croit l'antique Renommée, rendit ses oracles en vers héroïques.

AYEZ soin, avant tout, de connoître votre talent, & de choisir un genre proportionné à vos forces. Car quoique mes leçons aient pour objet principal d'enseigner à chanter les Dieux, & les Héros enfans des Dieux, & à raconter les hauts faits, elles ne laisseront pas de vous

---

2 Phemonoë, selon Pausanias, livre X, fut la premiere Prêtresse du temple de Delphes: elle rendit ses oracles en vers, *hexametres*.

Urit amor, seu pastorum de more querelas,
Et lites Siculi vatis modularis avenâ,
Sive aliud quodcumque canis, quo carmine cumque,
Numquam hinc (ne dubita) prorsum inconsultus abibis.

50 Atque ideo quodcumque audes, quodcumque paratus
Aggrederis, tibi sit placitum, atque arriserit ultrò
Ante animo. Nec jussa canas, nisi fortè coactus
Magnorum imperio regum; si quis tamen usquam est
Primores inter nostros, qui talia curet.
55 Omnia sponte suâ, quæ nos elegimus ipsi,
Proveniunt, duro assequimur vix jussa labore.
Sed neque quum primum tibi mentem inopina cupido,
Atque repens calor attigerit, subitò aggrediendum est
Magnum opus: adde moram, tecumque impensiùs antè
60 Consule, quidquid id est, partesque expende per omnes
Mente diu versans, donec nova cura senescat.

Ante etiam pelago quàm pandas vela patenti,
Incumbasque operi incipiens, tibi digna supellex
Verborum, rerumque paranda est, proque videnda.

servir, soit que vous vouliez vous montrer sur la scene & donner au peuple des spectacles dramatiques, ou chanter les soucis des amans & la flamme qui les consume, ou renouveller les plaintes ordinaires des Bergers de Sicile, & leurs combats poëtiques, ou enfin traiter quelque autre genre ; mes leçons, je vous le répéte, ne vous seront point inutiles.

Quelque sujet que vous traitiez, qu'il soit de votre goût, & qu'il vous ait plu. Point de sujets commandés ; à moins que vous ne soyez contraint par quelque grand Prince, s'il en est encore qui daignent s'occuper de ce soin. Dans un sujet de notre choix, tout coule de source. Dans un sujet commandé, on n'emporte rien qu'avec effort. Toutefois dès qu'un sujet vous aura plu, & qu'il aura ri à votre imagination, n'allez pas aussi-tôt entreprendre un grand ouvrage. Différez, consultez encore, examinez, jusqu'à ce que cette premiere ardeur soit un peu ralentie.

Avant que de déployer les voiles & de commencer à écrire, vous ferez des provi-

65 Instant multa priùs, quorum vatum indiget usus.
Illis tempus erit mox cùm lætabere partis.
Sponte suâ, dum fortè etiam nil tale putamus,
In mentem quædam veniunt, quæ forsitan ultro,
Si semel exciderint, numquam revocata redibunt,
70 Atque eadem studio frustra expectabis inani.
Nec mihi non placeant, qui, fundamenta laborum
Quum jaciunt, veterum explorant opera inclyta vatum
Noctes atque dies, passimque accommoda cogunt
Auxilia, intentique aciem per cuncta volutant.
75 Quin etiam priùs effigiem formare solutis
Totiusque operis simulacrum fingere verbis
Proderit, atque omnes ex ordine nectere partes.
Et seriem rerum, & certos tibi ponere fines,
Per quos tuta regens vestigia tendere pergas.

80 Jamque hîc tempus erat dare vela vocantibus Euris,
Condendique operis primas perscribere leges.

sions, & de mots & de choses. Il viendra un moment où vous serez charmé d'avoir usé de cette précaution. Quelquefois, lorsqu'on s'en occupe le moins, il se présente des idées heureuses, qui, si on les laisse échapper, ne reviendront plus, quelque effort qu'on fasse pour les rappeler. J'approuve encore celui, qui, lorsqu'il jette les fondemens d'un ouvrage, promene par-tout ses regards, feuillete jour & nuit les Poëtes fameux, pour en tirer des secours de tout genre. Il ne sera pas même inutile d'en tracer en prose une esquisse legère, qui soit comme le dessein figuré de l'ouvrage; pour en assortir les parties, pour les lier entre-elles, pour les terminer; de manière qu'en composant, il n'y ait plus qu'à suivre les traits marqués, sans crainte de s'égarer.

Nous pourrions, dès ce moment, nous abandonner aux vents qui nous appellent, & dicter les regles de la composition; mais auparavant il est nécessaire de dire avec quel soin on doit former l'enfance d'un Poëte. Car nul mortel ne peut se flatter d'obtenir le

At priùs ætati teneræ quæ cura colendæ
Dicendum, quantus puero labor impendendus.
Nulli etenim insignem dabitur gestare coronam,
85 Pieridum choreas teneris nisi nôrit ab annis.
Postquam igitur primas fandi puer hauserit artes,
Jam tunc incipiat riguos accedere fontes,
Et Phœbum & dulces Musas assuescat amare.

Ille autem, parvum qui primis artibus antè
90 Imbuit, atque modos docuit legesque loquendi,
Sincerus vocis cuperem, ac purissimus oris
Contigerit, fandi ne fors puer, atque nefandi
Nescius imbiberit malè gratæ semina linguæ,
Quæ post infecto ex animo radicitùs ullâ
95 Non valeas, meliora docens, evellere curâ.
Idcirco mihi ne quisquam persuadeat oro,
Ut placeant qui dum cupiunt se numine lævo
Tollere humo,& penitùs jactant se ignota docere,
Conventu in medio, septique impube coronâ
100 Insolito penitùs fandi de more magistri

laurier

laurier des Muses, si dès l'âge tendre il ne s'est point exercé à répéter leurs danses. Lors donc qu'un enfant commencera à bégayer les élémens du langage, qu'aussitôt il s'approche des claires fontaines, qu'il s'accoutume à aimer Apollon & à chérir les Muses.

Il seroit à desirer que celui qui lui donne les premieres leçons, parlât lui-même & prononçât avec une exacte pureté; de peur que l'enfant novice ne contracte des vices de langage [3], dont nul art, nul effort ne pourra le corriger. Il est des maîtres qui, pour étonner une jeunesse nombreuse qui les environne, se plaisent à ramasser des phrases rouillées, des locutions obscures & surannées : les insensés ! Ils vont bien loin puiser l'eau bourbeuse & fétide d'un marais, tandis qu'ils ont sous la main l'onde la plus pure & la plus saine. Qu'un pareil maître se garde d'approcher du nourrisson des Muses ; qu'il aille

---

[3] *Ante omnia, ne sit vitiosus sermo nutricibus... ne assuescat puer, ne dum infans quidem est, sermoni qui dediscendus est.* Quint. I. I.

Partie III.

Obscuras gaudent in vulgum spargere voces
Irrisi, fœdam illuviem, atque immania monstra.
Non minus a recta mentis ratione feruntur
Decepti, quàm qui, liquidi cùm pocula fontes
105 Sufficiant, malunt grave olentem haurire paludem.
Ne mihi ne teneræ talis se admoverit auri;
Sed procul, ô procul ista ferat, natosque Getarum
Imbuat, aut si qua est gens toto obtusior orbe.

Jamque igitur mea cura puer penetralia vatum
110 Ingrediatur, & Aoniâ se proluat undâ.
Jamque sacrum teneris vatem veneretur ab annis,
Quem Musæ Mincî 4 herbosis aluêre sub antris,
Atque olim similem poscat sibi numina versum,
Admirans artem, admirans præclara reperta.
115 Nec mora: jam favet Ascanio, tactusque dolore
Impubes legit æquales, quos impius hausit
Ante diem Mavors, & acerbo funere mersit.
Multa super Lauso, super & Pallante perempto
Multa rogat; lacrymas inter quoque singula fundit

donner ses leçons aux enfans des Scythes, ou de quelque autre peuple, s'il en est de plus barbares dans l'univers.

Déjà mon disciple entre dans le sanctuaire de la Poësie, & commence à se baigner dans les eaux du sacré vallon. Déjà il regarde avec vénération celui que les Muses du Mincio nourrirent sous leurs berceaux de verdure. Qu'il est frappé de son invention, de son art ! Lui sera-t-il donné un jour d'enfanter d'aussi beaux vers ! Déjà il s'intéresse pour le jeune Ascagne : il lit avec attendrissement le sort déplorable de cette brillante jeunesse que l'impitoyable Mars a moissonnée avant le temps, & plongée dans les ombres de la mort. Il fait cent questions sur le jeune Lausus, sur le malheureux Pallas ; mais sur-tout il pleure à chaque vers, quand l'aimable

---

4 Le Mincio, riviere d'Italie, qui arrose le territoire de Mantoue, & qui va se jeter dans le Pô. Le Poëte dit que les Muses du Mincio nourrirent Virgile, parce que Virgile etoit né à Andès, dans les environs de Mantoue.

120 Carmina, crudeli cùm raptum morte parenti
Ah miseræ legit Euryalum, pulchrosque per artus
Purpureum, letho dum volvitur, ire cruorem.

NECNON interea Graios accedere vates
Audeat, & linguam teneris assuescat utramque
125 Auribus exercens, nunc hanc, nunc impiger illam.
Nulla mora est: nostro Æneæ jam conferet igneis
Æacidem flagrantem animis, Ithacumque vagantem,
Atque ambos sæpe impellet concurrere vates.
Nunc geminas, puer, huc aures, huc dirige mentem.
130 Nam, quia non paucos parte ex utraque poëtas
Nostrosque, Graiosque tibi se offerre videbis;
Quos hîc evites, quibus idem fidere tutus
Evaleas, dicam, ne quis te fallere possit.

HAUD multus labor auctores tibi prodere Graios,
135 Quos inter potitur sceptris insignis Homerus.
Hunc omnes alii observant: hinc pectore numen
Concipiunt vates, blandumque Heliconis amorem.

Euryale est arraché à la tendresse d'une mere accablée d'années, & qu'il voit son sang vermeil couler sur ses beaux membres.

Il ne craindra point de s'approcher en même-temps des Grecs, & de s'exercer également dans l'une & l'autre langue. Il comparera notre Enée avec l'impétueux Achille & le prudent Ulysse, & mettra les deux Poëtes dans la balance. Aimable enfant, prêtez moi l'oreille : écoutez moi avec l'attention la plus vive. Je vais vous faire connoître les guides que vous pourrez suivre sans crainte, & ceux dont vous devez vous défier : car il y en a un grand nombre qui s'offriront à vous, tant parmi les Latins, que chez les Grecs.

Il ne sera pas difficile de vous faire connoître ceux-ci. Homere tient le sceptre au milieu d'eux. Tous les autres s'abbaissent devant lui. C'est chez lui que les Poëtes vont échauffer leur génie & puiser l'amour des vers! Heureux les Poëtes nés dans ce beau siecle! Heureux encore ceux qui sont nés dans le siecle suivant! Plus on est voisin de l'âge

Felices quos illa ætas, quos protulit illi
Proxima! Divino quanto quisque ortus Homero
140 Vicinus magis, est tanto præstantior omnis.
Degenerant adeò magis, ac magis usque minores
Obliti veterum præclara inventa parentum.
Jamque ferè Inachiæ restincta est gloria linguæ
Omnis, & Argolici jussi concedere avitis
145 Sunt pulsi reges soliis, civesque coacti
Diversa exilia, atque alienas quærere terras,
Huc illuc inopes errant. Habet omnia victor
Barbarus, & versis nunc luget Græcia fatis.

Nostri autem ut sanctum divas Helicona colentes
150 Cœperunt primùm in Latium transferre, fluebant
Versu incomposito informes, artisque Pelasgæ
Indociles Musâ fundebant carmina agresti
Sylvicolas inter Faunos. Tunc omne sonabat
Arbustum fremitu sylvai frondosai.
155 Nondum acies, nondum arma rudi pater Ennius ore
Tentârat, qui mox Graio de vertice primus

d'Homere, plus on est près de la perfection: plus on en est éloigné, plus on dégénere. Aujourd'hui la langue des enfans d'Inachus a perdu toute sa gloire. Les rois dépouillés de leurs trônes, les peuples chassés de leurs foyers, ont été forcés de s'exiler dans des terres étrangères, où ils languissent dans une triste pauvreté. Le barbare vainqueur a tout envahi, & la Grece désolée pleure sur ses malheureuses destinées.

Quand nos Peres essayerent de transporter les Muses dans le Latium, ils commencerent par des vers informes & grossiers, qu'ils chantoient sans art parmi les Faunes, & dont ils faisoient *bruire* les *bois feuillus*. Ennius n'avoit pas encore fait entendre les durs accens de sa muse guerriere. Ce fut lui qui osa le premier espérer de cueillir des lauriers sur le Pinde des Grecs. On rechercha ensuite les Causes des êtres, & les routes cachées de la Nature ; en un mot, il n'y eut

---

5 Le Barbare dont parle le Poëte est le Turc qui s'empara de Constantinople en 1453.

Est ausus viridem in Latio sperare coronam.
Tum rerum causas, naturæ arcana, latentes
Explorare ausi, cecinerunt carmine dulci
160 Omnia Pierio spargentes nectare vates⁶
Atque ita deinde rudes paulatim sumere versus
Cœperunt formam insignem, penitusque Latini
Agrestem exuerunt morem, liquidissima donec
Tempestas veluti cæli post nubila, & imbres,
165 Extulit os sacrum soboles certissima Phœbi
Virgilius, qui mox veterum squalore, situque
Deterso, in melius mirâ omnia rettulit arte,
Vocem, animumque Deo similis. Date lilia plenis
Pierides calathis, tantoque assurgite alumno.
170 Unus hic ingenio præstanti gentis Achivæ
Divinos vates longè superavit, & arte,
Aureus, immortale sonans. Stupet ipsa pavetque,
Quamvis ingentem miretur Græcia Homerum:
Haud alio Latium tantùm se tempore jactat.
175 Tunc linguæ Ausoniæ, potuit quæ maxima virtus

point de genre sur lequel on ne répandît les fleurs de la Poësie. Ce fut par ces dégrès que la Poësie Latine se forma, & quitta peu-à-peu, sa premiere rudesse. Enfin le plus digne des enfans d'Apollon, Virgile parut. Il eleva sa tête sublime, & fit briller à nos yeux le jour le plus pur, après les sombres brouillards & les tristes frimats. Ce fut lui qui fit disparoître toute cette rouille des anciens, & qui porta par-tout l'élégance & la correction de l'art. Son ame, sa voix, est l'ame, est la voix d'un Dieu. Muses, répandez sur lui vos corbeilles pleines de fleurs, rendez honneur à un Poëte digne de vous, que son art & son génie ont mis au-dessus de tous les Grecs. Ses vers sont un or pur : c'est le langage des Immortels. Toute éprise qu'elle est de son Homere, la Grece l'admire, & le regarde avec respect. Jamais le Latium ne jouît de tant de gloire; la langue d'Ausonie ne fut jamais portée à

---

6 Vida semble avoir eu en vue ces vers de Lucrece :

Volui tibi suave loquenti
Carmine Pierio rationem exponere nostram
Et quasi musæo dulci contingere melle. I. 944.

Esse, fuit, cæloque ingens se gloria vexit
Italiæ, sperare nefas sit vatibus ultra.
Nulla mora, ex illo in pejus ruere omnia visa,
Degenerare animi, atque retro res lapsa referri.
180 Hic [7] namque ingenio confisus posthabet artem.
Ille [8] furit strepitu, tenditque æquare tubarum
Voce sonos, versusque tonat sine more per omnes.
Dant alii [9] cantus vacuos, & inania verba
Incassum, solâ capti dulcedine vocis,
185 Pierides donec Romam, & Tyberina fluenta
Deseruêre, Italis expulsæ protinus oris.
Tanti caussa mali Latio gens [10] aspera aperto
Sæpius irrumpens. Sunt jussi vertere morem
Ausonidæ victi, victoris vocibus usi.
190 Cessit amor Musarum. Artes subiêre repentè
Indignæ, atque opibus cuncti incubuêre parandis.

JAMPRIDEM tamen Ausonios invisere rursus
Cœperunt Medicum [11] revocatæ munere Musæ,
Tuscorum Medicum, quos tandem protulit ætas

une plus haute perfection. Après Virgile, les esprits dégénérerent ; la gloire des Muses Latines perdit son éclat. L'un, négligeant l'art, donna tout à l'esprit. Celui-ci n'aima que le bruit & le vain éclat des sons ; tous ses vers sont également retentissans. D'autres, pleins de mots, vides de sens, ne furent occupés que d'une vaine harmonie : enfin les Muses, troublées sans cesse par les irruptions fréquentes des barbares, abandonnerent entierement Rome & les bords cheris du Tibre. L'Ausonie changeant de maîtres, changea de goût, & apprit la langue du vainqueur. On oublia les Muses, pour s'abandonner à de vils objets ; tout sacrifia à un indigne amour des richesses.

Cependant les Muses furent rappelées en Italie, par la faveur des Médicis, qui parurent enfin, pour consoler l'Europe de ses

7 Il designe Ovide.
8 Il designe Lucain ou Stace.
9 Il designe Claudien.
10 *Gens aspera*, les Lombards.
11 Cosme & Laurent de Medicis, deux freres, Souverains de Florence, recueillirent les gens de lettres qui fuyoient de Constantinople.

195 Europæ in tantis solamen dulce ruinis.
Illi etiam Graiæ miserati incommoda gentis,
Ne Danaûm penitus caderet cum nomine virtus,
In Latium advectos juvenes, juvenumque magistros,
Argolicas artes quibus esset cura tueri,
200 Securos Musas jussêre, atque otia amare.
Illi etiam captas latè misêre per urbes,
Qui [12] doctas tabulas, veterum monimenta virorum,
Mercati pretio adveherent, quæ barbarus igni
Tradebat, Danaûm regnis opibusque potitus.
205 Et tentamus adhuc sceptris imponere nostris
Externum, nec dum civiles condimus enses!
Hæc ætas omnis, vatum hæc fortuna priorum.

Ergo ipsum ante alios animo venerare Maronem,
Atque unum sequere, utque potes, vestigia serva.
210 Qui si fortè tibi solus non sufficit unus,
Adde illi natos eodem quoque tempore vates.
Parce dehinc, puer, atque alios ne quære doceri,
Nec te discendi capiat tam dira cupido.

longs malheurs. Touchés des desastres de la Grece, & ne voulant point laisser périr ses chefs-d'œuvre avec son nom, ces Héros s'empresserent de recueillir les Savans étrangers, leur prêterent un asyle pour cultiver les arts en paix, & former la jeunesse Italique. Ils envoyerent dans les villes désolées, des hommes habiles qui payerent avec l'or les monumens précieux que le barbare vainqueur livroit aux flammes. Et nous voulons encore prendre pour maîtres des Princes étrangers! Nous tournons nos armes contre nous-mêmes! Telle est l'histoire abregée de la Poësie, tel a été le sort des premiers Poëtes.

AYEZ DONC, avant tout, une vénération profonde pour Virgile: ne vous attachez qu'à lui: suivez ses pas, autant que vous en aurez la force. Si, par hasard, il ne vous suffisoit pas, vous lui joindriez les Poëtes de son

[12] Lascaris, né à Constantinople, passa en Italie, après la prise de cette ville par les Turcs. Il fut reçu dans la maison de Laurent de Medicis, par qui il fut renvoyé deux fois à Constantinople, pour y acheter des manuscrits grecs.

Tempus erit, tibi mox cùm firma advenerit ætas,
215 Spectatum ut cunctos impune accedere detur.

Interea moniti vos hîc audite parentes.
Quærendus rector de millibus, èque legendus,
Sic ubi Musarum studiis insignis, & arte,
Qui curas dulces, carique parentis amorem
220 Induat, atque velit blandum perferre laborem[13].
Illa suis niti nondum ausit viribus ætas,
Externæ sed opis alienæque indiga curæ est.
Nam puerum, ni præsentis vis fida regentis
Adsit, & hunc dulcem studiorum infundat amorem,
225 Illecebræ sacris avertent mille camœnis
Deceptum falsâ melioris imagine curæ.
Sic quoque ubi cultis plantas defodit in hortis
Agricola, & teneras telluri credidit almæ,
Fraxineos contos subitò erigit, & sua cuique
230 Robora, ut innixæ ventos, cælique ruinam
Contemnant, surgantque leves impune per auras.

Ille autem, pueri cui credita cura colendi

siecle. Défendez-vous d'en connoître d'autres: cette curiosité seroit dangereuse pour vous. Il viendra un tems où votre goût affermi vous permettra de les lire tous sans danger.

MAINTENANT c'est à vous, Pere de mon eleve, que j'adresse mes avis. Choisissez entre mille un Gouverneur qui ait du goût, & des lettres, & de l'art ; qui prenne les sentimens d'un pere tendre, qui en remplisse les fonctions avec plaisir. Un enfant n'ose de lui-même prendre l'essor, il a besoin d'un appui & d'un guide, qui lui fasse aimer l'étude; sans quoi mille distractions le détournent & lui font oublier les Muses. C'est ainsi que le cultivateur habile donne au jeune arbre un soutien, à l'aide duquel il brave les vents & les orages, & s'éleve impunément dans les airs.

LA premiere attention du Précepteur sera

---

13 On peut lire avec fruit ce que dit Quintilien sur le choix des maîtres & sur l'education des enfans, & principalement sur l'article des mœurs : *Liberorum nostrorum infantiam statim deliciis perdimus... discunt hæc miseri, antequam sciant vitia esse, &c. ....*

Artibus egregiis, in primis optet amari,
Atque odium cari super omnia vitet alumni;
235 Ne fortè & sacras simul oderit ille camœnas
Imprudens, & adhuc tantæ dulcedinis expers,
Deficiantque animi studiorum in limine primo.
Ponite crudeles iras, & flagra magistri
Fœda ministeria, atque minis absistite acerbis.
240 Ne mihi ne quæso puerum quis verbera cogat
Dura pati : neque enim lacrymas, aut dulcis alumni
Ferre queunt Musæ gemitus, ægræque recedunt;
Illiusque cadunt animi, nec jam amplius audet
Sponte suâ quidquam egregium; ingratumque laborem
245 Invitus trahit ægrè, animoque ad verbera durat [14].
Vidi ego qui semper levia ob commissa vocabat
Ad pœnam pueros, furiis insurgere, & irâ
Terribilem, invisos veluti sæviret in hostes.
Hinc semper gemitus; hinc verbera dira sonabant.
250 Atque equidem memini cùm formidatus iniquis
Urgeret pœnis, solitoque immanior ille

de

de se faire aimer de son éleve ; de peur que la haine du maître ne retombe sur les Muses ; & que l'enfant, qui n'a pas encore senti les charmes de la Poésie, ne s'en dégoute dès l'entrée. Que les maîtres évitent surtout les emportemens & les menaces odieuses, & les punitions basses ; point de coups, point de pleurs. Les Muses ne peuvent voir couler les larmes de leur éleve. Elles aiment mieux l'abandonner. Le courage de l'enfant s'abbat. Il n'osera plus rien tenter de lui-même ; il traîne avec ennui un fardeau qui l'importune, & s'endurcit au châtiment. J'ai vu un Maître qui souvent pour les plus legeres fautes, se mettoit en colere, & punissoit les enfans avec

14 Vida ne parle ici que des fautes de legereté, de paresse, ou d'ignorance, qui regardent l'etude. Il en est de plus graves, qui regardent les mœurs & le caractere. De quelque nature qu'elles soient, il est certain qu'il faut rarement y appliquer la punition, parce que l'usage frequent en diminue l'effet. Il en est de même des recompenses. L'usage du mords & de l'eperon dans l'education, est l'art des arts, & demande des maîtres consommés. La moderation, la raison, & surtout les exemples, font ordinairement plus que tous les discours.

Partie III. C

Terreret turbam invalidam, miserabile visu!
Fortè puer primâ signans nondum ora juventâ,
Insignis facie ante alios, exegerat omnem
255 Cum sociis ludens lucem, oblitusque timoris
Posthabuit ludo jussos ediscere versus.
Ecce furens animis multa increpat ille, minisque
Insurgens sævo pavitantem territat ore
Horrendum, & loris dextram crudelibus armat.
260 Quo subito terrore puer miserabilis acri
Corripitur morbo. Parvo is post tempore vitam
Crescentem blanda cœli sub luce reliquit.
Illum populifer Padus, illum Serius [15] imis
Seriadesque diu Nymphæ flevêre sub undis.
265 Tempore jam ex illo, vatem [16] cùm dura jubentem
Phœbigenam Alcides animo indignante peremit
Vocali invisam feriens testudine frontem;
Debuerat sævos factum monuisse magistros.
Vos tamen, ô jussi juvenes, parete regentum
270 Imperiis, ultroque animos summittite vestros.

fureur. On n'entendoit chez lui que des coups & des cris aigus. Un jour que plus forcené que de coutume, cet homme odieux faisoit trembler sa foible troupe, un enfant de la plus excellente beauté, avoit passé les heures du travail à jouer avec ses petits amis, & négligé d'apprendre la leçon marquée ; le Tyran se lève avec furie, s'arme de lanieres cruelles, vient sur l'enfant avec une voix tonnante : l'enfant frappé de terreur, tombe à ses pieds : & peu de jours après ses beaux yeux se fermerent pour jamais à la lumiere. Les Nymphes du Pô le pleurerent long-temps sous leurs peupliers, & celles du Serio dans leurs Grottes profondes. L'exemple d'Alcide qui tua jadis, d'un coup de sa lyre, un maître trop rigoureux qui le traitoit avec dureté, auroit dû servir de leçon à tous les maîtres qui sont venus depuis. Toutefois, aimables enfans, obéissez : soumettezvous de bonne grace à ce qu'on exige de vous.

15 Le Serio, riviere du territoire de Cremone.

16 Ce Poëte étoit Linus, fils d'Apollon, frere d'Orphée. Il enseigna la musique à Hercule, qui, ne pouvant souffrir la dureté de ses leçons, le tua d'un coup de sa lyre.

Si quem igitur clari formandi gloria vatis
Digna manet, verbis puerum compellat amicis,
Sæpè rogans, laudisque animum pertentat amore.
Quandoquidem, hunc imis postquam semel ossi-
　　bus ignem
275　Implicuit, labor inde levis, sese excitat ardens
Sponte suâ, durosque volens fert ille labores,
Et tacito vivens crescit sub pectore flamma.
Quid memorem (socium nam mos æqualibus annis
Jungere, cui paribus studiis contendat alumnus)
280　Æmula quum virtus stimulis agitârit honestis?
Præsertim si victori sua proemia rector
Pollicitus, celeremve canem, pictamve pharetram.
Continuò videas studio gestire legendi
Ardentem, ac sera sub nocte urgere laborem,
285　Dum timet alterius capiti spectare coronam.

Ast ubi sponte suâ studia hæc assuêrit amare,
Jam non laudis amor, non illum gloria tantùm
Sollicitat, sed mirâ operum dulcedine captus

Le Maitre, digne de former un Poëte, aura donc soin de lui parler avec douceur, de l'engager, de l'animer par l'amour de la gloire. Dès qu'une fois cet amour aura pénétré dans les veines du jeune Poëte, il n'y aura plus pour lui de travail pénible. Il se portera de lui-même à l'étude : les plus grands efforts ne lui couteront rien; son feu s'accroîtra de jour en jour. Quels effets ne produira point en lui l'émulation, lorsqu'il aura à lutter contre des rivaux de son âge ! sur tout, si le maître a promis pour recompense au vainqueur, ou un chien fidele, ou un carquois doré. Avec quelle ardeur il s'appliquera ! Il redouble son travail, il le porte jusque dans la nuit ; par la crainte où il est, qu'un autre n'emporte le prix.

Quand une fois il aura senti & goûté le plaisir de faire des vers, il sera toujours sensible aux éloges & à la gloire ; mais l'attrait seul suffira alors pour l'attacher au commerce des Muses. Voyez ces enfans que des peres impitoyables ont arrachés aux Lettres,

Musarum nequit avelli complexibus arctis.
290 Nonne vides duri natos ubi sæpè parentes
Dulcibus amôrunt studiis, & discere avaras
Jusserunt artes, mentem si quando libido
Nota subit, solitáque animum dulcedine movit,
Ut læti rursum irriguos accedere fontes
295 Ardescant studiis, & nota revisere Tempe [17]?
Exultant animis cupidi, pugnantque parentum
Imperiis, nequit ardentes vis ulla morari.
Sic assuetus equus jam duris ora lupatis
Fortè procul notis si armenta aspexit in arvis,
300 Hûc veterum ferri cupit haud oblitus amorum,
Atque hîc atque illic hæret, frenisque repugnat.
Quove magis stimulis instas, hoc acriùs ille
Perfurit; it tandem multo vix verbere victus
Cœptum iter, ipsa tamen respectans crebra moratur
305 Pascua, & hinnitu latè loca complet acuto.
Ah quoties aliquis sacros reminiscitur æger
Fontes incassum, & lucos suspirat amatos
Dulcibus ereptus Musis puer, atria ut alta

pour les appliquer à d'autres genres qu'ils croient plus utiles; avec quel plaisir ils revoient les claires fontaines, & les vallons rians de Tempé, lorsque par hasard quelque occasion les en rapproche ? Leur joie ne peut s'exprimer : ils oublient toutes les défenses : nulle autorité ne peut les retenir. Ainsi lorsqu'un fier coursier, déjà dompté par le frein, apperçoit les troupeaux dans les grasses prairies, il s'y porte avec ardeur, malgré le mords qui l'arrête : plus on le retient, plus il s'anime, plus il sent l'attrait; & s'il obéit enfin à l'effort redoublé, il tourne encore ses regards inquiets vers les pâturages, & remplit les lieux d'alentour de ses hennissemens. Combien de fois l'enfant séparé des Muses, a-t-il regretté leurs eaux pures & leurs ombrages frais, qu'il a quittés pour aller habiter les palais des Grands, & remplir auprès d'eux quelque triste emploi! Qu'il aimeroit bien mieux

---

17 Vallons frais & rians; les Poëtes appliquent figurément ce nom à tous les paysages agréables & champêtres. Il y a *Thessala, Tempe, Teumesia, Heloria, Heliconia, Peneia, umbrosa, opaca Tempe.*

Incoleret regum, rebus præfectus agendis?
310 Tibure quàm mallet, gelido aut sub Tusculo [18] iniqua
Pauperiemque pati, & ventos perferre nivales?

Contra autem vanum multi effudêre laborem,
Quos frustra excoluisse solum malè pinguis arenæ
Pœnituit, ventisque viam tentâsse negatis.
315 Quod ne cui sero contingat fortè docenti,
Continuò poterit certis præsciscere signis.
Namque puer nullis rectorum hortatibus, ipse
Sponte sua exercetur, amatque rogatque docentes
Primus, inardescitque ingenti laudis amore.
320 Provocat hinc socios pulchra ad certamina primus:
Exultatque animo victor; superatus amaris
Mordetur curis, latebrasque, & sola requirit
Infelix loca; ad æquales pudet ire, gravesque
Vultus ferre nequit cari rectoris inultus.
325 Nec lacrymis penitùs caruerunt ora decoris.
Hic mihi se divis, fatisque volentibus offert.
Huic Musæ indulgent omnes, hunc poscit Apollo.

vivre sous les rochers de Tusculum, ou de Tivoli, & y supporter le froid, les vents, & tous les maux de la dure pauvreté.

Il en est d'autres au contraire qui ont fait de vains efforts pour devenir Poëtes. Ils ont cultivé un sable aride ; ils se sont embarqués sans les vents. Un Maître habile reconnoîtra à des signes certains le talent réel. L'enfant né pour être Poëte, s'exerce de lui-même, sans qu'on l'excite. Il demande, il presse ses maîtres : il est de feu pour la gloire. Il provoque ses rivaux au combat. S'il triomphe, sa joie éclate. S'il est vaincu, il est déchiré de douleur, il fuit la lumière, il évite ses compagnons ; sur tout il redoute le regard de son maître, tant qu'il n'a point vengé sa honte : de grosses larmes tombent de ses yeux avec graces. Voilà l'elève des Muses, le vrai nourrisson d'Apollon ; voilà celui que les Dieux & les Destins appellent à la Poësie. Mais n'es-

18 Tusculum & Tivoli, lieux agréables dans les environs de Rome, célebrés par Horace.

At nullam prorsus tibi spem frustrà excitet ille,
Quem non ulla movet prædulcis gloria famæ,
330 Et præcepta negat duras demittere in aures
Immemor auditi, cui turpis inertia mentem
Dejicit, atque hebetes torpent in corpore sensus.
Huic curam, moneo, ne quisquam impendat inanem.

Nec placet ante annos vates puer, omnia justo
335 Tempore proveniant. Ah! ne mihi olentia poma
Mitescant priùs, autumnus bicoloribus uvis
Quàm redeat, spumetque cadis vindemia plenis.
Ante diem, nam lapsa cadent, ramosque relinquent
Maternos, calcabit humi projecta viator.

340 Nec ludos puero abnuimus; subducere mentem
Interdum studiis liceat. Defessus amœna
Rura petat, sæpè & mores observet agrestûm.
Et venator agat de vertice Tiburtino
Veloces capreas, aut tendat retia cervis.
345 Non ille intereà penitùs patietur inanem

perez rien de celui qui est insensible à l'honneur, qui est sourd à vos leçons, qui les oublie après les avoir entendues, enfin dont les esprits sont engourdis & abattus par la paresse : soyez sûr que tous vos soins seront inutiles.

Je n'aime point un Poëte avant l'âge. Chaque chose doit venir en sa saison. Ces fruits, mûrs avant que l'Automne ait peint les raisins d'une double couleur, & que la vendange écume dans les tonneaux, quittent trop tôt le rameau qui les a produits, le voyageur dédaigneux les voit tombés & les foule aux pieds.

Nous ne refusons point à notre elève les jeux qui peuvent faire quelque diversion. Il ira se délasser dans les campagnes, où il observera les mœurs simples du laboureur. Chasseur nouveau, il lancera des hauteurs de Tivoli un chevreuil bondissant; il tendra des toiles pour arrêter le cerf. Mais au milieu de ces plaisirs, il mettra à profit des momens dérobés. Il s'écartera de ses compagnons, pour

Ire diem. Comitum cœtu se subtrahet ultrō
Interdum, & solâ secum meditabitur umbrâ
Agrestem Faunis laudem, Musasque sub alta
Consulet Albunea 19, vitreas Anienis ad undas.
350 Nempe etiam alternis requiescere fœtibus arva
Permittunt sponte agricolæ, & cessare novales.
Intereà vires tellus inarata resumit,
Quique subit largis respondet frugibus annus.

VERUM non eadem tamen omnibus esse memento
355 Ingenia. Inventus sæpè est, cui carmina curæ,
Cui placeant Musæ, cui sit non læva voluntas.
Nititur ille tamen frustrà, & contendit inani
Delusus studio, vetitisque accingitur ausis.
Numina læva obstant, precibusque vocatus
    Apollo.
360 Orabit meliùs causas fors ille, animoque
Naturam, & cæcos rerum scrutabitur ortus.
Sæpè tamen cultusque frequens & cura docentum
Imperat ingeniis, naturaque flectitur arte.

aller méditer sous les ombrages solitaires, quelque hymne aux Dieux des bois. Il consultera les Muses aux sources de l'Albunée, sur les rives de l'Anio argenté. C'est ainsi que le cultivateur permet à ses champs de se reposer : la terre reprend des forces nouvelles, & l'année suivante elle le dédommage par de riches moissons.

Mais tous les hommes ne sont pas doués du même talent. Il s'en trouve qui aiment les vers, qui sont pleins d'ardeur pour la Poësie, & dont les efforts n'ont aucun succès. Les Dieux s'y opposent, Apollon est sourd à leurs vœux. Ils pourront briller au barreau : ils pourront creuser les secrets de la Nature, & rechercher ses causes. Quelquefois cependant il arrive que l'éducation & le travail, font la loi au génie; & que la nature obéit à l'art.

[19] L'Albunée, source d'une petite riviere d'Italie, qui se jette dans le Teveron. Selon Martial il y avoit autour de cette source un bois consacré aux Muses. Selon Lactance la Nymphe d'Albunée est la Sibylle de Tibur, *Sibylla Tiburtina.*

Nec labor ille quidem rectoribus ultimus, acres
365 Incauto juveni stimulos avertere amoris,
Donec crescentem doceat maturior ætas
Ferre jugum atque faces sævique Cupidinis iras.
Sæpè etenim tectos immitis in ossibus ignes
Versat amor, mollesque est intus cura medullas,
370 Nec miserum patitur vatum meminisse, nec undæ
Castaliæ, tantùm suspirat vulnere cæco.
Ante oculos simulacra volant noctesque, diesque
Nuncia virginei vultûs, quem perditus ardet.
Nec potis est alio fixam traducere mentem
375 Saucius. Ignari frustra miscere parentes
Pæonios succos, medicasque Machaonis artes
Consulere. Interea penitùs calor ille reliquit
Pierius. Torquent alii cor molle calores.

Quum verò jam pubescens mente altiùs hausit
380 Musarum dulcem sanctique Heliconis amorem,
Et sese Phœbo addixit, propriumque sacravit;
Haud tantùm exploret vatum monimenta, sed idem

UN des principaux soins du Maître sera d'écarter du cœur novice de son élève, les premiers traits de l'amour; jusqu'à ce que les années l'aient fortifié & mis en état de porter le joug, ou de se défendre contre les fureurs de ce Dieu cruel. Mais quelquefois un poison subtil se glisse dans ses veines: un feu secret le dévore, & lui fait oublier les ondes de Castalie. Il soupire, il languit. Devant ses yeux voltigent jour & nuit des phantômes séduisans, qui l'agitent & le troublent. Son ame blessée ne peut s'ouvrir à d'autres soins. Vainement ses parens, qui ignorent la cause de sa langueur, ont recours à l'art d'Esculape & à ses remedes. L'amour des Muses est eteint en son cœur, qui est consumé par un autre amour.

LORSQUE l'âge croissant aura fortifié son goût pour les vers, & qu'il se sera dévoué tout entier à Phébus, il ne se contentera pas de connoître les monumens des Poëtes, il consultera tous les Auteurs fameux , & connoîtra tous les genres. Il formera son langage sur celui de Ciceron, & parcourra les vastes

Consulat, atque alios auctores discat, ut acri
Nulla sit ingenio quam non libaverit artem.
385 Proderit in primis linguam Ciceronis ad unguem
Fingere, & eloquii per campos ire patentes.
Ille decus Latii, magnæ lux altera [20] Romæ,
Ore effundit opes fandi certissimus auctor,
Tantùm omnes superans præclaræ munere linguæ;
390 Quantùm iit ante alias Romana potentia gentes.

Profuit & varios mores hominumque locorumque
Explorasse situs, multas terrâque marique
Aut vidisse ipsum urbes, aut narrantibus illas
Ex aliis novisse, & pictum in pariete mundum.
395 Quid referam qui, ut sæva queant æquare canendo
Prælia, non horrent certamina Martis adire,
Per mediasque acies vadunt, & bella lacessunt?

At quia dura vetant longùm nos fata morari
In cunctis, revocatque angusti terminus ævi,
400 Vos sat erit pueri tantùm omnes îsse per artes,

champs

champs de l'éloquence. Cicéron est la gloire du Latium : c'est l'une des lumières de l'Italie, Virgile est l'autre. L'éloquence du premier toujours pure, toujours riche, roule à grands flots, & surpasse celle des autres Orateurs, autant que la puissance Romaine a surpassé celle des autres Nations.

Il ne sera pas inutile à notre élève de connoître les mœurs diverses des Nations, les positions des lieux, les Villes, les Ports de mer, de les visiter lui-même, ou du moins de les voir dans les récits des voyageurs, ou sur les tableaux qui les representent. On a vu des Poëtes, qui, pour peindre avec plus de vérité les combats de Mars, n'ont pas craint de se trouver dans la mêlée des combattans.

Mais comme la vie de l'homme, bornée

[20] Ce n'est pas *une autre*, c'est *l'autre* lumiere : Rome n'en a que deux de ce degré. On sent dans ces occasions l'avantage d'avoir des Articles dans une langue.

Partie III. D

Quarum summa sequi saltem fastigia oportet.
Nec refert rate qui varias legit æquoris oras,
Mercis ut in patriam referat se dives opimæ,
Si non cuncta oculis lustraverit oppida passim,
405 Et circumfusis longùm terat otia terris.
Sat fuerit portus, extremaque littora tantùm
Explorâsse. Secùs toto vagus exulet ævo,
Et serus natos dulces, patriamque revisat.

Nulla dies tamen interea, tibi nulla abeat nox,
410 Quin aliquid vatum sacrorum e fontibus almis
Hauseris, ac dulcem labris admoveris amnem.
Sed tibi præsertim princeps tunc hæreat illa
Cura animo, noctem atque diem te te excitet una,
Omnem quam propter libuit perferre laborem.
415 Non hîc te quibus aut pedibus, spatiisve monebo
Tendantur ducti versus; labor iste regentum
Postulat haud multùm curæ, qui sæpe morando
Ipsa minutatim metiri carmina sectis
In partes membris, & tempora certa docebunt.

par les Destins, ne nous permet pas de nous arrêter long-temps sur chacun des objets, il suffira que les élèves de la Poësie, parcourent sommairement les parties qu'ils ont besoin de connoître. Il n'est pas nécessaire à celui qui navige pour amasser des richesses, de visiter tous les lieux en particulier, de s'y arrêter long-temps. C'est assez pour lui de connoître les ports & les rivages où il doit aborder : autrement, il seroit errant toute sa vie, & ne reverroit jamais sa patrie, ni ses enfans chéris.

Qu'aucun jour ne se passe, aucune nuit, sans que vous approchiez vos levres des doctes fontaines. Que ce soit votre seul goût, votre seule passion, pour laquelle vous avez essuyé tant de peines, tant de travaux. Je ne vous dirai point ici quelle est l'etendue des vers, ni de quels pieds on remplit cette etendue : vous trouverez ces détails faciles par-tout, chez tous les Maîtres ; qui vous apprendront à distinguer les plus petites parties d'un vers, & à les mesurer chacune en particulier.

420 Continuo edico, jam tunc animosus alumnus
In numerum incipiat sub leges cogere verba,
Jam tunc summissâ meditetur carmina voce,
Sermonum memor antiquis quos vatibus hausit.
Tum votis sibi centum aures, tum lumina centum
425 Exoptat dubius rerum, metuensque pericli.
Dividit hûc illûc animum, cunctamque pererrat
Naturam rerum, versatque per omnia mentem.
Quis rebus dexter modus, aut quæ mollia fandi
Tempora, vertuntur species in pectore mille.
430 Nec mora, nec requies, dubio sententia surgit
Multa animo, variatque, omnes convertitur anceps
In facies, nescitque etiam notissima, & hæret
Attonitus[21]. Nunc multa animum, nunc consulit aures
Secum mente agitans si qua olim audita recursent
435 Sponte suâ, & memorem mentem excitat, atque reposta
Thesauris depromit opes, lætusque laboris
Ipse sui partu fruitur. Multa ecce repentè
Fors inopina aperit cunctanti, aliudque putanti.
Jamque hæc, jamque illa attentat, texitque, retexitque

Deja mon élève plein d'ardeur, assemble les mots & les soumet à l'harmonie. Déjà il chante à demi-voix les vers qu'il compose à l'imitation des modéles antiques. Que n'a-t-il cent yeux, cent oreilles ! il craint, il hésite à chaque pas. Il porte de toutes parts sa pensée; il parcourt toute la Nature. Il essaie la meilleure expression, le meilleur tour, mille idées s'elèvent dans son ame. Point de repos : point de cesse : il s'agite, il se tourmente, il prend toutes sortes de formes, il ne sait plus ce qu'il sait le mieux, il s'arrête étonné... Il consulte tantôt son esprit, tantôt son oreille : il tâche de se rappeler ce qu'il a entendu autrefois : il met en œuvre les richesses qu'il a amassées : il jouit avec délices des provisions qu'il a faites. Mais tout-à-coup un hasard heureux lui découvre des trésors auxquels il ne s'attend pas... Il essaie une pensée, puis une autre: il écrit, il efface : rien n'épuise sa patience

---

[21] Vida s'est plu à faire ici une peinture vive des efforts & de l'agitation d'un jeune Poëte, qui commence à s'essayer dans l'art des vers.

440 Et variis indefessus conatibus instat.
Sæpe etenim occurrunt haud dictu mollia, ubi hæret
Cura diu, multoque exercita corda labore.
Nunc hos, nunc illos aditus vestigat, & omnia
Attentans scopulo longùm luctatur iniquo,
445 Dum se quà ostendat facilis via : denique multâ
Aut vi, aut cœli, & fortunæ munere victor
Exultat, domitoque animis it ad æthera monstro.

Ast ubi nulla viam nec vis, nec dextra aperit fors,
Nec prodest vires fessas renovare, nec aptum
450 Nunc hîc, nunc illîc captare ad carmina tempus,
Invitus curâ absistit, tristisque relinquit
Cœpta infecta, pedem referens : ceu fortè viator
Si quis tendat iter campis, cui se amnis abundans
Ecce viæ in medio objiciat, spumisque fragosos
455 Post imbrem volvens montis de vertice fluctus,
Horrescit, ripâque moratus obambulat anceps.
Tum demum metuens retro redit æger, iterque
Aut aliud tenet, aut, cedant dum flumina, differt.

& son courage. Il a rencontré une idée difficile qui l'arrête; il lutte de toute sa force contre ce rocher, il cherche des détours, des issues; enfin un effort, une faveur du ciel, un coup de la fortune, le rend vainqueur du monstre; sa joie éclate, il est au rang des Dieux.

Mais si la matière résiste toujours, si nul effort, nul art, n'a pu la dompter; s'il n'a servi de rien d'y revenir en des temps différens, avec des forces renouvellées; alors il abandonne tristement & avec regret son entreprise, il revient sur ses pas. Semblable au voyageur qui rencontre un torrent que les pluies d'orages ont grossi, & dont les flots écumeux se précipitent des montagnes avec un frémissement horrible; il essaie de trouver un passage en remontant le long des rives; mais enfin la crainte du danger le fait retourner sur ses pas : ou il prend une autre route, ou il attend que les eaux soient écoulées.

Sed neque inexpertus rerum jam texere longas
460 Audeat Iliadas: paulatim assuescat, & ante
Incipiat graciles pastorum inflare cicutas.
Jam poterit [22] Culicis numeris fera dicere fata;
Aut quanta ediderit certamina fulmineus Mus
Funera in argutas, & amantes humida turmas,
465 Ordirive dolos, & retia tenuis Aranei.

Consiliis etiam hîc nostris, vobisque docentes
Est monitis opus; ingeniis nam parcere multa
Fas teneris, donec paulatim attollere sese
Incipiant animi, videantque in carmine labem
470 Per se ipsi, & tacito rubeant ultro ora pudore.
Nam maculas si fortè omnes per carmina monstret
Quæsitor ferus, abjiciant spem protinus omnem,
Atque alias animo potiùs vertantur ad artes.

Nostrum igitur si fortè adeat puer indole limen
475 Egregiâ, ut consulta petat parêre paratus,
Quique velit sese arbitrio supponere nostro,

Le premier essai d'un jeune Poëte, ne sera point une Iliade. Il exercera auparavant sa muse, sur des sujets plus petits. Il enflera le chalumeau des Bergers; il chantera les destins cruels du Moucheron, les combats terribles du Rat, qui foudroie les bataillons aquatiques; ou les filets invisibles de la subtile Arachné.

Et vous Maîtres, qu'il me soit permis de vous adresser ici quelques conseils. Vous savez qu'on doit accorder beaucoup de choses à ceux qui commencent, qu'il faut leur donner le temps de croître, & de voir par eux-mêmes leurs fautes, & d'en rougir en secret. Si un Censeur rigide leur montroit toutes les taches, ils perdroient courage, & renonceroient pour toujours, à l'art de faire des vers.

Si donc un jeune Poëte vient à moi, pour savoir quel est le prix de ses vers, & qu'il se présente avec la docilité convenable, je le recevrai avec douceur : je n'hésiterai point

[22] Poëme que Virgile avoit composé dans sa jeunesse, & qui n'est point parvenu jusqu'à nous.

Excipiam placidus. Nec me juvenile pigebit
Ad cœlum vultu simulato extollere carmen
Laudibus, ut stimulos acres sub pectore figam.
480 Post tamen ut multâ spe mentem arrexerit ardens,
Si quis fortè inter, veluti de vulnere claudus,
Tardus eat versus, quem non videt inscius ipse,
Delususque sonis teneras fallacibus aures;
Haud medicas afferre manus, ægroque mederi
485 Àddubitem, & semper meliora ostendere pergam.

Quod superest, etiam moneo, creberque monebo
Ne quisquam nisi curarum, liberque laborum
Inchoet egregium quidquam, verùm procul urbis
Attonitæ fugiat strepitus, & amœna silentis
490 Accedat loca ruris, ubi Dryadesque puellæ,
Panesque, Faunique, & montivagi Sylvani.
Hîc læti haud magnis opibus, non divite cultu
Vitam agitant vates. Procul est sceleratus habendi
Hinc amor, insanæ spes longè, atque impia vota,
495 Et nunquam diræ subeunt ea limina curæ,

de le louer beaucoup au-delà de ce qu'il mérite, & de feindre de l'admirer, afin de lui donner un nouvel aiguillon. Et lors qu'après l'avoir rempli de feu, il se rencontrera quelque vers boiteux, dont le jeune Poëte n'aura point senti le défaut, parce que l'harmonie l'aura séduit ; je me ferai un plaisir d'y porter une main secourable, & de guérir la plaie, en lui promettant de nouveaux succès de jour en jour.

Je vous avertis sur-tout, & cet avis est de la plus grande importance, de n'entreprendre jamais un grand ouvrage, que vous n'ayez l'esprit libre, & dégagé de tout autre soin. Fuyez alors le tumulte des villes : retirez vous dans les campagnes solitaires, dans le silence des bois, où se plaisent les Nymphes, les Faunes, les Pans & les Satyres. C'est là que les Poëtes vivent heureux, sans richesses, sans apprêts somptueux ; dans ces retraites, où l'on ne connoît ni les passions avides, ni les espérances frivoles, ni les desirs injustes ; où les tristes soucis n'osent paroître ; où règnent le profond repos, & la douce

Dulcis, & alma quies, ac paucis nota voluptas.

At nimiùm trux ille, ferisque è cautibus ortus,
Qui sanctos, genus innocuum, populumque deorum
Aut armis audet vates, aut lædere dictis.
500 Vidi ego qui ad summos Musarum munere honores
Evecti, mox ingratos contemnere Musas,
Nec vates saltem alloquio dignarier ipsos.
Parcite mortales sacros vexare poëtas.
Ultores sperate Deos, sub numine quorum
505 Semper vita fuit vatum defensa piorum.
Illi omnes sibi fortunas posuére volentes
Sub pedibus, regumque & opes, & sceptra superba
Ingenti vincunt animo, ac mortalia rident.
Non illis usquam scelerum mens conscia cæcos
510 Horrescit cœli crepitus, ignemve coruscum,
Cùm pater omnipotens præruptas fulmine turres
Ingeminans quatit, ac montes diverberat altos.
Securi terrorum hilares ad sidera mentes

volupté, ignorée de presque tous les mortels.

Quel est le barbare, né dans le sein des rochers sauvages, qui ose troubler la paix de ces demi-Dieux, par le bruit des armes, ou par des discours injurieux? J'en ai vu qui, élevés au comble de la gloire par le bienfait des Muses, étoient assez ingrats pour les mépriser elles-mêmes, & pour daigner à peine converser avec les Poëtes. Gardez-vous, mortels impies, d'attaquer leur personne sacrée! Craignez la colere des Dieux, sous la protection desquels a toujours été la vie des Poëtes vertueux. Ils ont mis volontairement sous leurs pieds toutes les richesses de la fortune; ils regardent sans envie les tresors des Rois, & leurs sceptres. Ils meprisent, par grandeur d'ame, tout ce qui eblouit les autres mortels. Leur cœur, toujours exemt de crimes, ne s'alarme ni des eclats du tonnere, ni des carreaux de la foudre, lorsque le Pere tout-puissant frappe les palais orgueilleux, & brise les rochers escarpés. Ils elevent, sans inquietude & sans crainte, leurs ames pures vers le ciel, & passent toute leur vie dans

Arrexêre, Deûmque agitant sine crimine vitam.
515 Dona Deûm Musæ. Vulgus procul este profanum.

Has magni natas Jovis olim duxit ab astris
Callidus in terras insigni fraude Prometheus,
Cùm liquidos etiam mortalibus attulit ignes.
Quippe rudes hominum mentes, & pectora dura
520 Ipse sagax animo miseratus, ubi astra per aurea
Ire datum, ac superûm lætis accumbere mensis;
Miratus sonitum circumvolventis olympi
Ingentem, magnique argutos ætheris orbes,
Quos, sua quemque²³, cient vario discrimine Musæ,
525 Continuò utilius ratus est mortalibus addi
Post ignem nil posse, animumque ad callida movit
Furta vigil. Dii mox cælestia dona volentes
Concessêre, doli licèt audentissimus ipse
Auctor Caucaseo sævas det vertice pœnas.

²³ Selon les Pythagoriciens, & quelques autres Philosophes de la plus haute antiquité, les spheres celestes rendoient dans leurs mouvemens, des sons harmonieux. Timée de Locres a fait

l'innocence. Oui, les Muses sont venues du ciel! profanes, eloignez-vous : je vais reveler des mystères.

Ce fut le sage Promethée qui les fit descendre de l'Olimpe, lorsque, par un heureux larcin, il apporta sur la terre le feu des Immortels. Assis à la table des Dieux, se promenant comme eux, au milieu des astres lumineux, ce Heros entendit l'harmonie sublime des spheres celestes, sur lesquelles les Muses assises rendent, selon leur rang, des sons melodieux. Touché des maux qu'enduroit la triste humanité, sous l'empire de l'ignorance & de la barbarie, il crut qu'après le feu, il n'etoit point de plus riche present pour les humains, que la science des vers & de l'harmonie. Les Dieux punirent sur les sommets du Caucase, l'auteur audacieux de ce larcin : toutefois ils voulurent bien laisser aux mortels ces dons

le calcul musical des octaves, des quintes, des quartes, des tons, des demi-tons de l'Ame du monde répandue dans toutes les spheres. *Voyez* l'édition de Timée de 1768, pages 21, 93, & suiv. Chez *Saillant & Nyon*.

530   Quo terrore nisi multo post tempore inertes
      Non ausi dias homines accersere Musas.
      Sed ventura priùs pandebant carmine soli
      Cœlicolæ, dubiisque dabant oracula rebus.
      Ipse pater divûm Dodonæ carmina primus,
535   Et Libycis cecinit lucis [24]; mox Phocidis antro
      Insonuit Themis alma, suos quoque pulcher Apollo
      Responsis monuit Delphos [25]; nec defuit olim
      Antiquis Faunus caneret qui fata Latinis.
      Tum Solymûm [26] prisci vates, tum sacra Sibyllæ
540   Nomina divinas cœli in penetralia mentes
      Arripuêre, Deumque animis hausêre furentes.
      Nec mora, quæ primùm Fauni, vatesque canebant,
      Carmina mortales passim didicêre per urbes,
      Post epulas laudes heroûm, & facta canentes.

545   Quid mirandum homini cœlo divinitùs æquè

---

[24] Il y avoit en Afrique, ou Libye, un fameux temple consacré à Jupiter Ammon, qui y rendoit des oracles.

[25] Delphes, ville de la celestes.

celestes. La vue du supplice retint long-temps les hommes effrayés, qui n'osoient s'approcher des Muses. Les seuls habitans des cieux usoient de leur langage. Ils rendoient en vers leurs oracles, & annonçoient les Destins futurs. Jupiter repondoit en vers dans la forêt de Dodone & dans les sanctuaires de Libye. La severe Themis faisoit retentir de sa voix les antres de la Phocide. Apollon dictoit ses oracles à Delphes ; Faune même predisoit les destinées des antiques Latins. Les prêtres des Solymes, les Sibylles sacrées s'animerent d'une sainte fureur dans le sanctuaire de la Divinité. Enfin les mortels oserent repeter les vers prononcés par les Faunes & par les Poëtes : on chanta dans les villes à la suite des festins sacrés, les louanges des Heros, & leurs exploits.

Quel plus digne present le ciel fit-il jamais

Phocide, célebre par son temple & son oracle.

[26] Strabon parle, Livre xiv, des Solymes, peuple qui habitoit sur le mont Taurus. Plutarque parle aussi de leurs dieux & de leur culte, dans son Traité d'Isis & Osiris.

Concessum? Mortale genus tua numina sentit,
Quisquis es ille, Deus certè, qui pectora vatum
Incolis, afflatasque rapis super æthera mentes.
Te sine nil nobis lætum, nec amabile quidquam.
550 Ipsæ etiam volucres vario tua numina cantu
Testantur, pecudesque feræ, mutæque natantes
Ad tua jussa citæ properant. Tua munera saxa
Dura movent, sylvasque trahunt hinc inde sequentes.
Te quoque senserunt olim impia Tartara, & umb
555 Pallentes stupuere. Minas tibi janitor orci
Oblitus, sævas posuere & Erinnyes iras.
Tu Jovis ambrosiis das nos accumbere mensis,
Tu nos Dîs æquas superis: tu blanda laborum
Sufficis, & duræ præsens solatia vitæ.
560 Salve hominum dulcis requies, divûmque volup
Ipse tuæ egregios audax nunc laudis honores
Ingredior Vates idem superûmque sacerdos,
Sacraque dona fero teneris comitatus alumnis.

à la terre! Oui! la race des mortels reconnoît ta divinité: oui! tu es un Dieu, qui que tu sois, qui descends dans l'ame des Poëtes, qui les animes de ton souffle, qui les eleves jusqu'aux cieux. Sans toi rien n'est beau, rien n'est aimable sur la terre. Les oiseaux celebrent ta presence par leurs chants. Les bêtes sauvages, les poissons muets se hâtent d'obeir à ta voix. Les durs rochers en sont emus: elle attire les forêts enchantées: les ombres pâles l'entendent, aussi-bien que le Tartare impitoyable. L'affreux gardien des enfers, les Furies cruelles oublient devant toi leur rage menaçante. C'est par toi que nous sommes assis à la table immortelle de Jupiter: tu nous egales aux Dieux: tu nous consoles dans nos travaux, tu nous soutiens dans les maux de cette vie. Je te salue, sainte volupté des Dieux, doux repos des hommes; reçois ce tribut de louange que je t'offre aujourd'hui comme ministre & interprête des immortels, & permets que mes tendres elèves s'associent à mon hommage.

LIBER II.

PERGITE, Pierides, natæ Jovis: en mihi totum
Nunc fas venturis Helicona recludere seclis.
Inspirate animum. Templa ipse in vestra sacerdos,
Sacra ferens, juvenes florentes mollibus annis
5 Duco audens durum per iter. Vos mollia, Divæ
Si qua latent, vobis tantùm divortia nota,
Præsentes monstrate, novosque ostendite calles,
Quos teneam. Vos en omnis, vos Itala pubes,
Quæ juga sub nostris nunc tendit ad ardua signis,
10 Supplicibus poscit votis, facilesque precatur.

NAM mihi nunc reperire apta, atque reperta docendum
Digerere, atque suo quæque ordine ritè locare[1].

[1] Pour faire un Poëme il y a trois opérations : l'Invention des matériaux ou des choses, leur Disposition, & l'Elocution. L'Invention est l'ouvrage du génie, pour lequel il n'est point d'art. On

CHANT II.

Filles de Jupiter, continuez de seconder mes efforts. Je suis au moment d'ouvrir aux siecles à venir tous les tresors de l'Helicon. Inspirez-moi le courage dont j'ai besoin. Prêtre de vos Temples, chargé de dons sacrés pour vous, j'y conduis, par des sentiers escarpés, de jeunes eleves encore tendres. Daignez m'indiquer des routes nouvelles, s'il en est de plus faciles, connues de vous seules. La jeunesse d'Ausonie vous adresse ses vœux au pied de vos rochers, & implore vos faveurs.

J'enseignerai d'abord à trouver & à developper les materiaux que la Poësie doit employer, ensuite avec quel art, & dans quel ordre on doit les disposer: deux operations importantes. Mais ceux que les Muses n'apprend point à être fecond & inventif. Il n'en est pas de même de la Disposition & de l'Elocution, qui peuvent être perfectionnées par l'art; celle-ci même doit presque tout à l'art.

POÉTIQUE

Durus uterque labor. Sed quos Deus aspicit æquus,
Sæpe suis subitò invenient accommoda votis,
15 Altera nempe arti tantùm est obnoxia cura,
Unde solent laudem in primis optare poëtæ.

Vestibulum ante ipsum, primoque in limine semper
Prudentes leviter rerum fastigia summa
Libant [2]; & parcis attingunt omnia dictis,
20 Quæ canere statuêre : simul cœlestia Divûm
Auxilia implorant [3] propriis nil viribus ausi.
Quos ores autem non magni denique refert,
Dum memor auspiciis cujusquam cuncta Deorum
Aggrediare. Jovis neque enim nisi ritè vocato
25 Numine fas quidquam ordiri mortalibus altum.
Nec sat opem implorare semel, Musasque ciere :
Sed quoties veluti scopuli, durissima dictu,
Objicient sese tibi non superanda labore
Mortali, divos toties orare licebit.

[2] Le Poëte designe ce qu'on appelle *la Proposition du sujet*, comme dans l'Iliade : *Muse raconte-moi la colere d'Achille.* Et Virgile : *Je chante les com-*

ont favorisés de leurs regards bienfaisans, s'acquitent souvent sans peine de la premiere. Ils n'ont besoin des leçons de l'art que pour la seconde : c'est de-là surtout que les Poëtes attendent la gloire.

Avant que d'entrer en matiere, le Poëte trace, en peu de mots, le dessein de son ouvrage, & en touche legerement les points principaux. Il invoque, en même temps, les secours du ciel. Car les Poëtes n'entreprennent rien sans l'aveu des Dieux. Il n'importe à quel Dieu ils s'adressent, pourvu qu'ils s'adressent à un Dieu. C'est un devoir pour tout mortel qui commence une grande entreprise. On ne se contentera pas d'avoir fait une fois cette invocation ; on la répetera toutes les fois qu'il se rencontrera de grands obstacles à vaincre, qu'il s'agira d'un effort au-dessus du simple mortel.

bats, & ce *Héros qui* &c.
3 Cet endroit designe l'Invocation, nécessaire dans un Poëme epique, où le Poëte a besoin d'être inspiré par quelque Divinité qui connoisse les causes naturelles & les causes merveilleuses des evenemens qu'il va raconter : *Musa mihi causas memora.*

E iv

30 Incipiens odium fugito, facilesque legentûm
Nil tumidus demulce animos, nec grandia jam tum
Convenit, aut nimium cultum ostentantia fari:
Omnia sed nudis prope erit fas promere verbis.
Ne si magna sones, cùm nondum ad prælia ventum,
35 Deficias medio irrisus certamine, cùm res
Postulat ingentes animos, viresque valentes.
Principiis potiùs semper majora sequantur.
Protinus illectas succende cupidine mentes,
Et studium lectorum animis innecte legendi.

40 Jam verò cùm rem propones, nomine nunquam
Prodere conveniet manifesto. Semper opertis
Indiciis, longè & verborum ambage petita
Significant, umbraque obducunt. Inde tamen ceu
Sublustri è nebula rerum tralucet imago,
45 Clarius & certis datur omnia cernere signis.
Hinc si dura mihi passus dicendus Ulysses,
Non illum vero memorabo nomine, sed qui
Et mores hominum multorum vidit, & urbes

En commençant fuyez un appareil odieux: gagnez les cœurs par un début modeste: point de grands mots, point de faste: tout sera presque rendu par l'expression simple. Si, avant que d'en venir aux mains, vous elevez la voix si haut, que ferez-vous quand vous serez dans le fort du combat, & qu'il faudra frapper les grands coups ? Il est plus sage de commencer d'un ton bas, afin d'aller ensuite en s'elevant. Attirez votre lecteur: piquez sa curiosité, & attachez-le de plus en plus par des attraits toujours nouveaux.

Dans la Proposition de votre sujet, vous ne nommerez point votre héros par son nom. Vous l'envelopperez comme d'une ombre mysterieuse, en usant de circonlocutions, qui seront comme un voile leger, comme un nuage transparent, à travers lequel on appercevra l'objet dont il s'agit. Par exemple, si je veux chanter le patient Ulysse & ses aventures, je ne dirai point : *Je chante Ulysse;* mais *Je chante ce heros qui après avoir renversé la fameuse Troie, essuya mille maux sur les mers, parcourut les villes, & connut les mœurs*

Naufragus eversæ post sæva incendia Trojæ.
50 Addam alia angustis complectens omnia dictis.

Ergo age quæ vates servandi cura fatiget
Ordinis intentos operi, cum carmine aperto
Rem tempus narrare, loco ut disposta decenti
Omnia sint opere in toto, nec meta laborum
55 Usquam dissideat ingressibus ultima primis.
Principio invigilant non expectata [4] legenti
Promere, suspensosque animos novitate tenere,
Atque per ambages seriem deducere rerum.
Nec, quacumque viam suadet res gesta, sequuntur.

60 Plerumque a mediis arrepto tempore fari
Incipiunt, ubi facta vident jam carmine digna.
Inde minutatim gestarum ad limina rerum
Tendentes prima repetunt ab origine factum.

---

[4] L'art demande que dès l'entrée du Poëme la curiosité du lecteur soit piquée par la singularité des choses qu'on lui présente. Dans l'Eneïde, le premier tableau est celui de la colere violente de

de leurs habitans, en ajoutant, s'il le faut, d'autres traits généraux, en peu de mots.

Mais quand le Poëte entre dans la Narration, que doit-il observer pour que chaque chose soit en son lieu, pour que tout soit lié, & que la fin réponde au commencement ? Il présentera d'abord à son lecteur des objets qu'il n'attendoit point, & qui l'interesseront par leur nouveauté. Ensuite il conduira son recit par des détours artificieux, sans s'embarrasser de l'ordre vrai & réel des evenemens.

Les Poëtes entrent ordinairement en matiere par le milieu des choses, dans l'endroit où les faits commencent à être dignes de la Poësie. Ensuite ils rappellent par parties tout ce qui a precedé, en remontant jusqu'aux premieres causes de l'evenement. Car le lecteur doit savoir à quel point il en est dans sa

Junon, c'est-à-dire, de la plus puissante & de la plus vindicative de toutes les Déesses : *Ast ego quæ Divûm incedo regina.* Dans l'Iliade, c'est la prise d'Achille avec Agamemnon, c'est-à-dire, du plus vaillant des héros Grecs avec le plus puissant de leurs Rois.

Hoc faciunt, operum primo ne in limine lector
65 Hæreat ignarusque viæ, incertusque laborum.
Namque ubi eum metam jam tum statuêre sub ipsam
Lætior ingreditur, spe mentem arrectus inani,
Dum putat exigui finem prope adesse laboris.
Sed portus quos ante oculos habet usque propinquos
70 Approperans, jam jamque tenet, similisque tenenti est.
Longa procul longo via dividit invia tractu.
Flectendi retro cursus, via plurima eunti
Restat adhuc, multumque illi maris æquor arandum.

Haud sapiens quisquam, annales ceu congerat, Ilii
75 Inchoet excidium veteri pastoris ab usque
Judicio, memorans ex ordine singula, quidquid
Ad Trojam Argolicis cessatum est Hectore duro.
Conveniet potius prope finem ⁵ prælia tanta
Ordiri, atque graves iras de virgine rapta
80 Aversi Æacidæ præmittere: tum fera bella
Consurgunt, tum pleni amnes Danaûmque
    Phrygumque,

route, & l'espace qui lui reste à parcourir. Lorsque le lecteur est placé près du terme, il entre avec plus de plaisir dans la carriere, il se croit au moment d'arriver. Cet agréable espoir le seduit : il s'empresse, il se hâte : dejà il touche au port, ou croit y toucher ; mais un long trajet l'en separe : il faudra revenir sur ses pas, & traverser encore de vastes mers.

Un Poëte habile ne commencera donc point le recit de la guerre de Troie, comme un Historien, par le jugement de Pâris ; pour raconter ensuite, & par ordre, tout ce qui s'est fait par cet infatigable Hector, qui arrêta si long-temps les efforts des Grecs. Il prendra tous ces combats vers la fin, au moment où la colere du fils de Pelée eclate contre le fils d'Atrée, pour une jeune esclave. C'est dans ce moment que la guerre s'anime ; que les fleuves de Troie, le Xanthe & le Simoïs, que les tranchées profondes regorgent du sang des Troyens & de celui des Grecs. On

5 Dans l'Eneïde les Troyens étoient au moment d'arriver en Italie. Ils partoient de la Sicile. *Vix è conspectu Sicula telluris.*

Xanthusque, Simoïsque, & inundant sanguine fossæ.
Haud tamen interea quæ præcessêre silendum,
Aulidæ jurantes Danaos, vectasque per æquor
85 Mille rates, raptusque Helenes, & conjugis iras,
Quæque novem [6] Troja est annos perpessa priores.

ATQUE etiam in patriam si quis deducere adortus
Errantem Laërtiadem post Pergama capta,
Non illum Idæo solventem è littore classem
90 Cum sociis primùm memoret, Ciconesque subactos,
Sed jam tum Ogygiam [7] delatum sistat ad alta
Virginis amissis sociis Atlantidos antra.
Exin post varios Phæacum in regna labores
Inferat. Hîc positis demum ipse miserrima mensis,
95 Erroresque suos narret, casusque suorum.
Antè tamen si gesta canunt, ab origine causas
Expediunt, quis dehinc status, aut quæ tempora rerum.
Primus at ille labor versu tenuisse legentem
Suspensum, incertumque diu, qui denique rerum
100 Eventus maneant, quo tandem durus Achilles

n'en connoîtra pas moins ce qui a précédé. On verra le serment des Grecs en Aulide, leurs mille vaisseaux qui traversent les mers, le ravissement d'Helene, le ressentiment de son epoux, & tout ce que Troie a souffert de maux dans les années qui ont précédé.

De même si le fils de Laërte est ramené dans sa patrie, après la prise de Troie, le recit ne partira point, comme sa flotte, du promontoire d'Ida, ni de la defaite des Ciconiens. On le prendra dans l'isle d'Ogygie, dans les grottes profondes de la fille d'Atlas, pour le conduire à travers mille dangers, dans le royaume des Phéaciens. Là, à la suite d'un repas, il racontera lui-même ses courses & ses malheurs, & ceux de ses compagnons. Dans ces recits de faits anterieurs, le Poëte remontera jusqu'au germe des evenemens. Il en suivra les progrès, les divers incidens, en

6 La guerre de Troie dura dix ans. Homere reprend le commencement de son Poëme dans la dixieme année.

7 Ogygie, isle de la mer Adriatique, où regnoit la nymphe Calypso.

Munere placatus regi rursum induat arma
In Teucros, cujusve Dei Laërtius heros
Auxilio, Polypheme [8], tuis evadat ab antris,
Lectores cupidi expectant, durantque volentes,
105 Nec perferre negant superest quodcumque laborum.

Inde licet fessos somnus gravis avocet artus,
Aut epulis placanda fames, Cererisque libido ;
Hoc studium, hanc operam serò dimittimus ægri.

Nonne vides ut sæpe aliquis nimis arte superbit
110 Improbus & captis animis illudere gaudet,
Et nunc hûc, deinde hûc mentes deducit hiantes,
Suspenditque diu miseros, torquetque legentes?
Ille quidem si te magnum certamen Atridæ,
Et Paridis multo promissum carmine nuper
115 Expectare avidum, sævàque cupidine captum
Senserit, usque moras trahet ultro, & differet arma
Dum celsa Priamo, patribusque e turre Lacæna
Nomine quemque suo reges ostendit Achivos.

observant

observant toujours de tenir le lecteur incertain sur les denouemens; de lui laisser ignorer par quelles reparations du fils d'Atrée, l'inflexible Achille domptera enfin sa colere, & reprendra les armes; par le secours de quel Dieu le fils de Laërte se tirera de l'antre de Polyphême. C'est là ce que le lecteur attend avec impatience: c'est pour cela qu'il ne peut s'arracher à la lecture, qu'il oublie la faim, la soif, le sommeil; parce qu'il veut voir l'issue de l'evenement.

Voyez-vous cet auteur qui joint la ruse au genie, & qui s'etant une fois emparé de vous, semble se faire un plaisir malin de se jouer de votre avidité. Il vous conduit d'objet en objet, vous echappe à tout moment, & vous met à une espece de torture. Il voit que vous attendez avec impatience le combat de Menélas contre le Ravisseur; c'en est assez pour le differer. La belle Lacedemonienne viendra montrer du haut du rempart Troyen les Heros Grecs les uns après les autres, & les

---

[8] L'antre de Polypheme, Odyss. x.

Ipsa procos etiam ut jussit certare sagittis
120 Penelope optatas promittens callida tædas
Victori, per quanta moræ dispendia mentes
Suspensas trahet, ante viri quàm proferat arcum
Thesauris clausum antiquis, penitusque repostum?

Haud tamen omnino incertum metam usque sub ip
125 Exactorum operum lectorem in nube relinquunt.
Sed rerum eventus nonnullis sæpe canendo
Indiciis porro ostendunt in luce maligna,
Sublustrique aliquid dant cernere noctis in umbra.
Hinc pater Æneam [9], multique instantia vates
130 Fata docent Latio bella, horrida bella manere,
Atque alium partum Trojanis rebus Achillem.
Spem tamen incendunt animo, firmantque labante
Spondentes meliora, & res in fine quietas.
Ipse quoque agnovit per se, cùm in limine belli
135 Navibus egressus turmas invasit agrestes,
Atque (omen pugnæ) prostravit marte Latinos,
Occiso, ante alios qui sese objecerat, hoste.

nommer tous par leurs noms. La sage Penélope a promis sa main tant desirée, à celui des Princes qui aura pu tendre l'arc de son Epoux; mais que d'apprêts, que de retards, avant que cet arc fameux soit tiré des tresors antiques où il repose.

TOUTEFOIS cette incertitude du lecteur, ne doit pas être conduite trop loin. On lui laissera appercevoir le terme, comme dans un lointain obscur, à travers une ombre qui ne le cachera qu'à demi. Enée sait par son Pere, par différens oracles rendus, que des guerres, des guerres cruelles l'attendent en Italie, qu'il est né en ces lieux un autre Achille, pour être encore fatal aux Troyens. Mais la promesse du succès, & d'une paix heureuse après les combats, soutient son espoir, & anime son courage. Il l'a vu lui-même, & en a jugé par les premices du sang repandu, lorsqu'à la descente des vaisseaux, attaquant ces cohortes rustiques, il tua de sa main un Latin, qui fut la premiere victime de la guerre. Le fils de Menécée expirant, prédit à son vainqueur,

9 En. V. 722. VI. 756.

Fata Menœtiades¹⁰ etiam prædixerat olim
Victori moriens majori instare sub hoste,
140 Quamvis haud fuerit res credita. Tu quoque Turn(
Prævidisse tuos poteras heu perdite! casus
Longè ante exitium, cùm crebrò obscœna volu(
Per clypeum perque ora volans, stridentibus alis
Omine turbavit mentem, admonuitque futuri.
145 Hinc tibi tempus erit, magno cùm optaveris emp
Intactum Pallanta, & cùm spolia aurea baltei
Oderis, atque tibi haud stabit victoria parvo.
Nam juvat hæc ipsos inter præscisse legentes,
Quàmvis sint & adhuc confusa, & nubila porro.
150 Haud aliter longinqua petit qui fortè viator
Mœnia, si positas altis in collibus arces
Nunc etiam dubias oculis videt, incipit ultrò
Lætior ire viam, placidumque urgère laborem,
Quàm cùm nusquam ullæ cernuntur quas adit arc(
155 Obscurum sed iter tendit convallibus imis.

Tuque ideo nisi mente prius, nisi pectore toto

qui ne voulut point le croire, qu'il seroit vaincu à son tour par un guerrier plus fort que lui. Et toi, brave & malheureux Turnus! tu pouvois prévoir ton sort, lorsqu'un funebre oiseau, faisant siffler autour de ton casque ses aîles noires, te ravissoit ton courage, & t'annonçoit ton destin. Il viendra un moment où tu regretteras d'avoir percé le fils d'Evandre, & d'avoir ceint son baudrier d'or. Que tu payeras cher cette funeste dépouille! Le lecteur est charmé d'entrevoir, au moins confusément, & comme à travers un nuage leger, les evenemens qui se préparent. C'est ainsi que le voyageur fatigué se ranime lorsqu'il apperçoit, ou qu'il croit appercevoir sur les montagnes lointaines, la cîme des tours où il doit arriver; au lieu qu'il ne se traîne qu'avec peine dans les vallées profondes, où rien ne l'avertit qu'il approche du terme.

Si vous ne meditez pas profondément votre matiere, si vous ne revenez pas souvent

---

[10] C'est Patrocle, ami d'Achille. Il. XVI. 850.   [11] Eneïd. x. 500. XII. 865.

Crebra agites quodcumque canis, tecumque premendo
Totum opus ædifices, iterumque iterumque retractes,
Laudatum alterius frustrà mirabere carmen.
160 Nec te fors inopina regat, casusque labantem.
Omnia consiliis provisa, animoque volenti
Certus age, ac semper nutu rationis eant res.
Quandoquidem sæpe incerti huc illucque vagamur,
Inque alia ex aliis inviti illabimur orsa,
165 Dum multa ac varians animis sententia surgit.
Sæpe vides primis ut quidam longiùs orsis
Digrediuntur, & obliti quasi cœpta priora
Longè aliis hærent nulla sermonibus arte,
Et longos peragrant tractus aliena canentes.
170 Ac velut in patriam peregrinà si quis ab ora
Ire cupit post exilium, durosque labores,
Ille tamen recto non qua via tramite ducit,
Carpit iter, sed nunc vagus hac, nunc errat & illac,
Undique dum studio fontes invisit inani,

sur vos pensées, sur ce que vous avez ecrit, ce sera en vain que vous serez jaloux de la gloire de vos rivaux. Ne vous abandonnez jamais au hasard. Que la raison conduise toujours, & assure tous vos pas. Souvent, quand nous n'avons point de plan fixe, les idées qui s'elevent dans notre ame, nous emportent hors de la route, & nous jettent dans des ecarts. Il en est qui s'abandonnent à de longues digressions, qui se perdent dans des discours superflus, où ils semblent avoir oublié entierement leur sujet. Que penseriez-vous d'un homme, qui revenant dans sa patrie, après un long exil & de longs malheurs, s'ecarteroit à droite & à gauche pour satisfaire une vaine curiosité, pour aller voir quelque source, quelque riviere fameuse, ou les ombrages d'une antique forêt ? Qu'ai-je besoin qu'on me peigne un char de guerre orné de perles, qu'on m'arrête pour admirer des roues, des essieux dorés, quand il s'agit de se battre, & que Mars a mis tout en feu ? Ou si parmi tant de heros, il est un lâche qui fuit le combat; que sert au lecteur que vous lui en décriviez la figure, les epaules voutées, le front pres-

175 Fontesque fluviosque, & amœnos frigore lucos.
Nam quid opus [12] gemmis armatos pingere currus,
Multa superque rotas, super axes multa morari
Tunc, cum bella manus poscunt, atque arma fremit Mars?
Nec si quem indecoremque [13] animi, pugnasque perosum
180 Egregios inter memoras heroas, in armis
Castra sequi, cupidi expectant audire legentes
Quâ facie, quibus ille humeris, qualive capillo
Incedat, captus ne oculo, an pes claudicet alter,
Aut longo vertex ductu consurgat acutus,
185 Ordine cuncta, aliud quasi nil tibi restet agendum.
Aptior Ausonius Drances [14], cui frigida bello
Dextra quidem, sed consiliis non futilis auctor,
Dives opum, pollens linguâ & popularibus auris.
Multa tamen Grajæ fert indulgentia linguæ,
190 Quæ nostros minus addeceant graviora sequentes.

Quid tibi nonnullas artes, studiumque minorum

que chauve ? que vous lui appreniez, s'il etoit borgne ou boiteux ; s'il avoit la tête ronde ou pointue ? comme si vous n'aviez rien de plus interessant à peindre. Qu'on peigne, à la bonne-heure, l'Ausonien Drancès, dont la main est peu vigoureuse dans les combats ; mais qui est sage dans les conseils ; mais qui est riche, qui est eloquent, qui est aimé de l'armée. Toutefois je conviens qu'il est des libertés que la langue des Grecs se permet, & qui sont refusées à celle des Latins.

JE NE VOUS parlerai point de l'usage & du goût de quelques-uns de nos modernes, qui, pour etaler leur vaine science, & faire montre de leurs richesses, entassent dans leurs vers tout ce qu'ils savent, sans choix, sans mesure, & sur-tout ce qui semble caché, ou peu connu du vulgaire. Ce sera quelque trait

---

[12] Il blâme, en passant, certaines descriptions d'Homere, qui semblent trop chargées de détails, eu égard aux circonstances.

[13] Il designe Thersite, personnage odieux & ridicule dans l'Iliade. L. II. 215.

[14] Eneïd. XI. 338.

Indignum referam? Sunt qui ut se plurima nosse
Ostentent, pateatque suarum opulentia rerum,
Quidquid opum congesserunt, sine more, sine arte
195 Irrisi effundunt, & versibus omnia acervant,
Præcipuè si quid summotum, si quid opertum,
Atque parum vulgi notum auribus, aut radiantis
De cœli arcana ratione, Deûm ve remota
Natura, aut animæ obscuro impenetrabilis ortu.
200 Sæpe etiam accumulant antiqua exempla virorum
(Carminis ingratum genus) hinc atque inde petita,
Quamvis sæpe illis tempusque locusque repugnet.
Ne pueri, ne talem animis inducite morem,
Nec vos decipiat laudis tam dura cupido.

205 Haud sum animi dubius magnos memorare poëtas
Interdum Solisque vias, Lunæque labores,
Astrorumque ortus, qua vi tumida æquora surgant,
Unde tremor terris: quàmvis illi orsa sequantur
Longè alia, aut duri cantantes prælia Martis,
210 Aut terræ mores varios, cultusque docentes.

d'Astronomie, quelque vue sur la nature incompréhensible des Dieux, sur l'origine impénétrable des ames. Ils accumulent les exemples de l'Antiquité, ramassés de toutes parts, sans examiner si c'est le temps ou le lieu. Gardez-vous, enfans, de prendre ces auteurs pour modeles, & de desirer la gloire à ce prix.

Je sais bien que les grands Poëtes nous entretiennent quelquefois des routes du Soleil, des obscurcissemens de la Lune, des levers des astres, de cette force inconnue qui souleve les mers, qui ébranle la terre jusques dans ses fondemens; & cela lors même qu'ils traitent d'autres sujets & qu'ils chantent les combats, ou qu'ils décrivent les diverses sortes de terrein & les diverses manieres de les cultiver. Mais ils en ont trouvé l'occasion & le moment. Il semble que ces digressions n'ont point été de leur choix, que le sujet même les a demandées: tant ils y ont mis d'art, tant le passage est doux & naturel. D'ailleurs ils en usent sobrement. Pourquoi le bon Anchise ne satisferoit-il pas la juste curiosité de son fils, qui desire savoir si les

At priùs invenere locum, dein tempore capto
Talia subjiciunt parci, nec sponte videntur
Fari, ea rem credas hoc ipsam poscere, ita astum
Dissimulant, aditusque petunt super omnia molle
215 Cur pater Anchises [15] natum opportuna roganten
Non doceat, rursus ne animæ semel æthere cassæ
Ad cœlum redeant, blandique ad luminis auras?
Igneus an ne ollis vigor, & cœlestis origo
Seminibus, quantum non noxia corpora tardant?
220 Quandoquidem ut varium sit opus (namque inde v
Grata venit) rebus non usque hærebis in iisdem.
Verùm ubi vis animis varius succurrere fessis,
Ingrederisque novas facies, rerumque figuras,
Paulatim capto primis delabere cœptis
225 Tempore, nec positis insit violentia rebus.
Omnia sponte sua veniant, lateatque vagandi
Dulcis amor, cunctamque potens labor occulat art
Sic olim Æneæ venturi haud inscius ævi
Res Italûm in clypeo [16] Romanorumque triumpho
230 Fecerat Ignipotens, pugnataque in ordine bella,

ames qui sont descendues aux Enfers doivent revenir à la lumière? si leur nature est de feu; si elles tirent leur origine du ciel; si elles y retournent quand elles sont délivrées du corps qui les appesantit vers la terre. C'est la variété, dont le charme est si piquant, qui demande ces légeres excursions. Mais lorsque vous voudrez délasser votre lecteur, & lui offrir des choses & des images nouvelles, ayez soin de conduire son esprit par des degrés insensibles; que tout arrive de bonne grace & sans violence; que l'art ne paroisse nulle part, ni le desir de quitter votre sujet. Ainsi le Dieu artiste, Vulcain, fit voir autrefois au pieux Enée, sur un bouclier tout divin, l'histoire future de l'Italie, les triomphes des Romains, leurs combats, & tous les héros qui devoient naître d'Iule. De même un Poëte du sang des Latins qui dé-

---

[15] Anchise expose à son fils Enée descendu aux Enfers, l'origine des ames, & leurs retours dans les corps, selon la doctrine de Pythagore. Eneïd. VI. 719.

[16] Virgile a donné à Enée un bouclier fait par Vulcain, à l'imitation d'Homere qui en donne un pareil à Achille.

Stirpis ab Ascanio quondam genus omne futurum.
Tum si quis Latio cretus de sanguine vates
Prosequitur varias oras [17], moresque locorum,
Medosque, Æthiopasque, & dites arboris Indos,
235 Immemor ille nimis patriæ, oblitusve suorum,
Si non Italiæ laudes æquaverit astris,
Cui neque Medorum sylvæ, neque Bactra, neque In
Totaque thuriferis Panchaïa certet arenis.

QUARE etiam egregii vates ego carmina vestra
240 Haud equidem arguerim, qui pectora fessa legentûn
Interdum, atque aures recreatis carmine dulci.
Non ego post Celei crates, post tribula dicta,
Rastraque, plaustraque, & inflexo cum vomere arat
Addubitem flere extincti miserabile funus
245 Romani ducis [18], aut ruris laudare quietem
Post vites dictas Bacchi, & sylvestria dona.
Vidi etiam qui jam perfecto munere longam
Subjecere moram extremo sub fine vagantes
Exactorum operum, vacua dum carmina musæ

crira les diverses régions de la terre, & les mœurs des lieux, qui parlera des Medes, des Ethiopiens, des riches productions de l'Inde, se rendroit coupable, s'il négligeoit de parler de son propre pays, s'il ne faisoit pas un éloge pompeux de l'Italie, à laquelle les forêts des Medes, des Bactriens, de l'Inde, ni même les sables de la Panchaïe qui produit l'encens, ne méritent pas d'être comparés.

Je suis donc bien éloigné de blâmer les Poëtes qui cherchent à récréer leurs lecteurs par la variété des objets. Après avoir chanté les claies de Celée, ses herses, ses rateaux & le soc recourbé de sa charrue, je n'hésiterai point de pleurer le trépas malheureux de quelqu'un de nos héros. Je peindrai encore le bonheur de la vie champêtre, après avoir chanté les plaisirs de Bacchus & ceux de Pomone. J'ai même vu des Poëtes, qui, après avoir achevé leur carriere, s'arrêtoient en-

[17] Virgil. Georg. II. 120.
[18] Virgile déplore la mort de César dans ses Georgiques. L. I. 466.

250 In longum traherent, cujus dulcedine mirâ
Fessi animi cuperent iterumque iterumque redire.
Me nulla idcirco quiret vis sistere, quin post
Naturas & apum dictas, & liquida mella
Tristis Aristæi [19] questus, monitusque parentis
255 Prosequerer dulci sermone, & Prothea vinctum.
Addam Threicii carmen miserabile vatis,
Qualis populea queritur Philomela sub umbra,
Ut Rhodope, ut Pangæa fleant, Rhesi ut domus alta,
Atque Getæ, atque Hebrus, & Actias Orithya [20].

260 Non aliam ob causam reges qui in prælia euntes
Dinumerant, populosque, moram traxere canentes,
Aut Ligurum regi, ob casum Phaëtontis amati
Dum gemit [21], & mœstum musâ solatur amorem,
In sylvis cano natas in corpore plumas;
265 Aut rursum Hippolytum [22] superas venisse sub auras
Pæoniis revocatum herbis & amore Dianæ.
Nec verò interea quæ cuique insignia, quæ arma
Prætereunt, pingunt clypeos, atque Hercule pulchro

core

core long-tems, pour récréer leur muse oisive : & le lecteur, tout fatigué qu'il étoit, y revenoit avec plaisir. Nulle loi ne m'empêcheroit donc, après avoir chanté les abeilles & leurs rayons de miel, de raconter les douleurs du triste Aristée, les instructions que lui donne sa mere, & les chaînes de Protée. J'y ajouterois les regrets du Chantre de la Thrace, qui gémit comme la plaintive Philomèle sous le feuillage des peupliers ; & les échos du Rhodope, & ceux de Pangée, & ceux des rochers de Rhesus ; & ceux de l'Hèbre encore, avec l'Attique Orithye, qui répéteroient ses douleurs.

C'est encore pour produire la variété que les Poëtes font le dénombrement des Rois & des Peuples qui s'avancent au combat ;

[19] Aristée, fils d'Apollon, regna en Arcadie ; il trouva l'art d'élever les abeilles. *Voyez* Virgil. Georg. IV. 417.

[20] Orithye, surnommée *Actias*, c'est-à-dire, *Attique* ou *Athenienne* ; elle etoit fille d'Erecthée, roi d'Athènes, & fut enlevée par Borée.

[21] Cycnus, roi des Liguriens, métamorphosé en cygne. Eneid. X. 185.

[22] Eneïd. VII. 765.

Pulcher Aventinus [23] satus olim insigne paternum
270 Centum angues, cinctamque gerit serpentibus hydram
Sæpe etiam loca amœna canunt, & frigida Tempe.
Nunc variis pingunt cum floribus auricomum ver,
Nunc virides liquidis inducunt fontibus umbras,
Crebraque fluviorum in ripis spatiantur opacis,
275 Aut Veneti Eridani, aut Ætoli Acheloï.
Addunt & Panas, Faunos, Dryadasque puellas
Et centum æquoreas Nereo genitore sorores.

Sæpe tamen memorandum inter ludicra memento,
Permiscere aliquid, breviter mortalia corda
280 Quod moveat, tangens humanæ commoda vitæ,
Quodque olim jubeant natos meminisse parentes.
At non exiguis etiam te insistere rebus
Abnuerim, si magna voles componere parvis,
Aut apibus Tyrios [24], aut Troja ex urbe profectos
285 Formicis [25], Lybicum properant dum linquere littus

[23] Eneïd. VII. 657.   [25] Eneïd. IV. 402.
[24] Eneïd. I. 434.

qu'ils s'arrêtent pour raconter la métamorphose du Roi des Liguriens, déplorant le sort malheureux de son ami Phaëton, & revêtu tout-à-coup de plumes de cygne ; ou la nouvelle vie d'Hippolyte rendu à la lumière, par l'amour de Diane, & par la vertu merveilleuse des simples. On fait la description des armes de chaque guerrier & de ses drapeaux. Le bel Aventinus, fils d'Hercule, porte sur le bouclier de son pere la tête de l'hydre hérissée de serpens. On décrit les lieux rians, les fraîches vallées de Tempé, le printems couronné de fleurs nouvelles. On couvre de rameaux verds les claires fontaines : on se promene sur les rives ombragées de l'Eridan des Venetes, ou de l'Acheloüis Etolien ; on y voit des Dieux champêtres, des Faunes, de jeunes Dryades & les cent Nymphes des eaux dont Nerée fut le pere.

PARMI ces agréables objets, vous aurez soin de semer des exemples instructifs, des traits utiles aux mœurs, qu'un pere recueillera pour en faire leçon à son fils. Je ne vous défends pas même d'employer les plus petits

Sed non Ausonii rectè fœdissima musca
Militis æquârit numerum [26], cùm plurima mulctram
Pervolitat; neque enim in Latio magno ore sonantem
Arma, ducesque, decet tam viles decidere in res.
290 Nec dictis erit ullus honos si, cùm actus ab urbe
Daunius hostili Teucris urgentibus heros
Vix pugnæ absistit, similis dicetur asello
Quem pueri lato pascentem pinguia in agro
Ordea stipitibus duris detrudere tendunt
295 Instantes, quatiuntque sudes per terga, per armos.
Ille autem campo vix cedere, & inter eundum
Sæpe hîc atque illîc avidis insistere malis.
Omnia conveniunt, rerumque simillima imago est.
Credo equidem, sed turpe pecus, nec Turnus asellum
300 Turnus avis atavisque potens dignabitur heros.
Aptiùs hanc speciem referet leo, quem neque terga
Ira dare, aut virtus patitur, neque sufficit unus
Tendere tot contra, telisque obstare sequentûm.

[26] Homere a employé cette comparaison dans l'Iliade, Liv. XVI 416.

objets pour les faire figurer avec les plus grands. Vous pourrez comparer les Tyriens aux abeilles, & aux fourmis les Troyens qui se hâtent de fuir les rives de Carthage. Mais je ne veux point que le nombre des soldats d'Ausonie égale celui des mouches qui voltigent autour d'un vase rempli de lait nouveau. Cette voix si forte, si sublime, qui chante les armes & les combats du Latium, ne peut descendre si bas. On ne comparera pas plus convenablement le héros des Dauniens, pressé par les bataillons ennemis, & se retirant lentement & peu à peu, à l'âne que les enfans du laboureur chassent à grands coups, du milieu des moissons, & qui n'en sort qu'à pas lents, & en arrachant les épis qu'il emporte. Les traits sont justes & vrais dans tous les points, je le veux : mais l'animal est ignoble, & ne peut figurer avec Turnus, avec un héros illustre par tant d'aïeux. Qu'il soit comparé au fier lion, à qui sa fureur & son courage défendent de fuir, & qui toutefois ne peut résister seul à tant d'ennemis réunis contre lui.

Hoc quoque non studiis nobis levioribus instat
305 Curandum, ut, quando non semper vera profamur
Fingentes, saltem sint illa simillima veris.
Vidi aliquos, qui, cùm Glauco ²⁷ medio æquore belli
Tydides ferus occurrit, vix credere possunt
Tot traxisse moras longis sermonibus usos
310 Inter sese ambos, dum fervent omnia cæde.
Alter enim duri narrat sera fata Lycurgi,
Crimine damnati falso ; alter Bellerophontis
Facta refert, magnâ domitam virtute Chimæram;
Et victos pariter Solymos, & Amazonas armis.

315 Nam quæ multa canunt, ficta & non credita vates,
Dulcia quo vacuas teneant mendacia mentes,
Illis nulla fides, quam nec sibi denique aperti
Exposcunt, nec dissimulant, licet omnia obumbrent
Relligione Deûm, quæ non credenda profantur.
320 Idcirco Solis perhibent armenta locuta
Mortua, & in verubus Vulcano tosta colurnis,
Ut minùs acris equos itidem miremur Achillis,

CE que dit le Poëte n'étant pas toujours vrai, il doit faire ensorte qu'il soit vraisemblable. J'ai vu des Critiques qui trouvoient peu de vraisemblance dans ce long discours que Glaucus adresse à Diomede au milieu des combats & du carnage. Un autre raconte dans les mêmes circonstances, la mort de Lycurgue victime de la calomnie : un autre les exploits de Bellérophon & la Chimère tombant sous ses coups ; & la défaite des Solymes, & encore celle des Amazones.

IL est des fictions de pur caprice, des mensonges évidens, pour lesquels les Poëtes mêmes n'exigent point la croyance du lecteur, quoiqu'ils les attribuent à la puissance souveraine des Dieux. Ils vous disent que les bœufs du Soleil ont parlé après leur mort, & lorsque leurs chairs rotissoient sur les charbons ardens. C'est sans doute afin qu'on refuse moins de les croire, lorsqu'ils nous diront que les chevaux d'Achille ont parlé, aussi-

---

[27] Iliad. VI. 119.

Verbaque veliferas rostris fudisse carinas,
Omnia quæ portâ veniunt insomnia eburnâ [28].

325 Disce etiam, pulchri tibi si cura ordinis ulla est,
Res tantùm semel effari : repetita bis aures
Ferre negant, subeunt fessas fastidia mentes.
Quanquam etiam hîc nostris cernes differre Pelasgos.
Nam tibi non referent semel illi somnia Atridæ.
330 Nec sat erit si rettulerint quid fortis Achilles
Mente dolens Danaûm sese subduxerit armis,
Ipse iterum Æacides nisi solo in littore ponti
Flens eadem æquoreæ narraverit omnia matri [29].
Quin etiam reges cùm dant mandata ferenda,
335 Cuncta canunt priùs ipsi, eadem mox carmine eodem
Missi oratores repetunt nihil ordine verso.
Non sic Ausonius Venulus [30], legatus ab Arpis
Cùm redit Ætoli referens responsa tyranni.

Altum aliis assurgat opus. Tu nocte dieque
340 Exiguum meditator, ubi sint omnia culta,

bien que les vaisseaux d'Énée : toutes fictions qui ne sont sorties que par la porte d'ivoire.

Si vous aimez l'ordre & la précision, vous ne direz une chose qu'une fois. Les répétitions blessent l'oreille & ennuient l'esprit. Les Latins n'ont point le privilege qu'avoient les Grecs. Ceux-ci ne se contentent point de raconter une fois le songe du fils d'Atrée, ni le sujet de la colère d'Achille & de sa séparation de l'armée. Achille le redit lui-même, en pleurant, à Thétis sortie des ondes, lorsqu'il s'est retiré sur les rivages solitaires. Quand les Rois ont donné un ordre, cet ordre est rendu, sans y changer un seul mot. Il n'en est pas ainsi de l'Ausonien Venulus, qui rapporte d'Arpi les réponses du roi d'Etolie.

Que d'autres aiment à voir croître sous leur plume un grand ouvrage. Le vôtre peu

[28] La porte d'ivoire est celle par laquelle sortoient les songes menteurs : *Quâ falsa ad cœlum mittunt insomnia Manes.* Eneïd. VI. 897.

[29] Thétis, déesse de la mer. Achille étoit son fils.

[30] Eneïd. XI. 339.

Et visenda novis iterumque, iterumque figuris.
Quod si longarum cordi magis ampla viarum
Sunt spatia, angustis cum res tibi finibus arcta,
In longum trahito arte. Viæ tibi mille trahendi,
345 Mille modi. Nam ficta potes multa addere veris,
Et petere hinc illinc variarum semina rerum.
Non ne vides, ut nostra Deos in prælia ducant,
Hos Teucris, alios Danais socia arma ferentes,
Certantesque inter se odiis, donec Pater ipse
350 Concilium vocet [31], atque ingentes molliat iras?
Cùm secura [32] tamen penitus natura Deorum
Degat, & aspectu nostro summota quiescat.
Addunt infernasque domos regna invia vivis,
Tartareosque lacus, Ditemque, & Erinnyas atras.
355 Tum volucrum captant cantus, atque omina pennâ
Sæpe etiam hospitibus [33] convivia læta receptis,
Regalesque canunt epulas, ubi multa repostis

[31] Jupiter tient le Conseil des Dieux. L. x. de l'Eneïd. 2.

[32] Le P. Oudin blâme avec raison le Poëte d'avoir mis en assertion la

étendu réunira tous vos soins. Il sera travaillé, revu, corrigé jour & nuit. Mais si d'un sujet médiocre & peu riche vous voulez faire un grand ouvrage, l'art vous en fournira les moyens. Joignez la fiction à la vérité, prenez par-tout les germes de toutes sortes d'idées. Ne voyez-vous pas les Dieux qui se mêlent dans nos combats, qui s'arment les uns pour les Troyens, les autres pour les Grecs? qui s'animent les uns contre les autres, jusqu'à ce que le Pere tout-puissant les assemble & appaise leur courroux? Toutefois la Divinité infiniment éloignée de nos regards, règne dans une paix & un repos inaltérables. On peint les demeures infernales, inaccessibles aux vivans, les ondes bourbeuses du Tartare, le sombre Pluton, les noires Furies. On observe les chants des oiseaux & leur vol, pour en tirer des augures. On

doctrine d'Epicure, qui n'est rien moins que celle d'Homere. Le Poëte grec présente par-tout le ciel en commerce avec la terre, & les hommes éclairés, gouvernés, récompensés ou punis par les Dieux.

33 Odyss. IV. 50. VIII. 58. Eneïd. I. 703.

Narrantur dapibus vario sermone vicissim.
Nunc ludos celebrant ³⁴ magnorum ad busta virorum
360 Annua nunc patriis peragunt Diis sacra periclo
Servati quondam, laudesque ad sidera tollunt,
Aut Phœbi, monstro ingenti Pythone perempto,
Aut magni Alcidæ, Cacum ut vidêre jacentem ³⁵.
Rege sub Eurystheo tulerit quos ille labores
365 Alterni repetunt cantu : super omnia Caci
Speluncam adjiciunt, spirantemque ignibus ipsum.

AN memorem, quandoque omnes intendere nervos
Cùm libuit, verbisque ipsam rem æquare canendo,
Seu dicenda feri tempestas horrida ponti,
370 Ventorum & rabies, fractæque ad saxa carinæ
Aut Siculo angusto, aut impacato Euxino ?
Sive coorta repentè lues, cùm multa ferarum,
Corpora, multa hominum letho data, sive Sicanâ
Dicendum quantis terrâ tonet Ætna ruinis,
375 Prorumpens atram cœli usque ad sidera nubem
Turbine fumantem piceo, & candente favillâ.

chante les festins des Rois qui reçoivent d'autres Rois, & les entretiens qui suivirent leur repas. On célebre des Jeux sur le tombeau des morts illustres. On rend graces aux Dieux Pénates d'un danger évité autrefois. On porte jusqu'au ciel la gloire du vainqueur de Python, ou celle du grand Alcide, lorsqu'on voit Cacus étendu. On chante ses travaux sous le Roi Eurysthée : sur-tout on décrit la caverne de Cacus & son souffle de feu.

Mais le Poëte veut se livrer à toute son ardeur, & egaler la sublimité de son sujet. Il va peindre la mer en furie, les vents dechaînés, les vaisseaux qui se brisent contre les rochers de Sicile, ou de l'Euxin. C'est une contagion subite qui tue les animaux & les humains. C'est l'Etna tonnant qui lance jusqu'au ciel de noirs tourbillons de feu & de fumée, mêlés de bitume liquide, & de rochers enflammés. Vous avez vu lorsqu'ils chantent les

34 Il y a des Jeux funebres en l'honneur de Patrocle. Il. XXIII. Il y en a aussi en l'honneur d'Anchise. Eneid. v.
35 La défaite de Cacus est racontée au Liv. VIII de l'Eneïde. v. 193.

Vidisti cùm bella canunt horrentia, & arma,
Arma fremunt, miscentque equitum, peditumque ruinas,
Ante oculos Martis sese offert tristis imago,
380 Non tantùm ut dici videantur, sed fieri res,
(Unde ipsis nomen Graii fecere poëtis).
Armorum fragor audiri, gemitusque cadentûm,
Cædentûmque ictus, & inania vota precantûm.
Quis quoque, cùm captas evolvunt hostibus urbes,
385 Temperet à lacrymis? tectorum ad culmina sævas
Ire faces, passimque domos involvere flammas
Cernere erit, trepidosque senes, puerosque parentes
Amplexos flentesque, ipsas ad sidera matres
Tollentes clamorem hostes interque, suosque,
390 Abstractasque nurus adytis, arisque Deorum
Et crinem laniare, & pectora tundere palmis,
Hos fugere, ast illos ingentem abducere prædam.
Perque domos, perque alta ruunt delubra Deorum
Atque huc, atque illuc totâ discurritur urbe.

395 Quid cùm animis sacer est furor additus, atque
potens vis?

combats, les terribles combats, & que les escadrons se choquent, se renversent : ce n'est point un récit, une image, c'est le combat, c'est la Guerre elle-même presente à vos yeux, (car c'est de là que les Poëtes ont pris leur nom chez les Grecs). On entend le fracas des armes, les coups de ceux qui frappent, les cris des mourans, les plaintes ameres, les regrets inutiles de ceux qui demandent la vie. Mais qui pourra retenir ses larmes, lorsqu'ils peindront les horreurs d'une ville prise d'assaut ! la flamme qui se developpe sur la ville entiere, les toits qui petillent, les vieillards tremblans, les enfans collés sur le sein de leurs meres; les meres echevelées, meurtries, se frappant la poitrine, poussant des cris lamentables, lorsqu'on les arrache des asyles sacrés, qu'on les traîne hors des temples. Les uns fuient, les autres emmenent leur proie, tous se precipitent, se renversent dans les vastes edifices, dans les temples des Dieux; partout regne le trouble & l'horrible confusion.

Que sera-ce encore, lorsque les Poëtes seront remplis d'une fureur divine, qui leur

Nam variant species animorum: & pectora nostra
Nunc hos, nunc illos multo discrimine motus
Concipiunt, seu quod cœli mutatur in horas
Tempestas, hominumque simul quoque pectora
 mutant;
400 Seu quia non iidem respondent sæpe labore
Sensus effœti, atque animus cum corpore languet;
Seu quia curarum interdum, vacuique doloris,
Interdum tristes cæco intus tundimur æstu.
Dii potiùs nostris ardorem hunc mentibus addunt,
405 Dii potiùs! felixque ideo qui tempora quivit,
Adventumque Dei, & sacrum expectare calorem,
Paulisperque operi posito subducere mentem,
Mutati donec redeat clementia cœli.
Sponte suâ veniet justum (ne accersite) tempus.

410 INTERDUM & sylvis frondes, & fontibus humor
Desunt, nec victis semper cava flumina ripis
Plena fluunt, nec semper agros ver pingit apricos.
Sors eadem incertis contingit sæpe poëtis.

rendra

rendra tout possible ! Car le genie des Poëtes a des variations. Notre ame eprouve des affections differentes, soit que les changemens de l'air influent sur les esprits, ou que les organes fatigués soient incapables de plus longs efforts, ou que le genie soit affecté par le besoin du corps, ou que l'ame soit troublée par quelque déplaisir : enfin il est des temps de stérilité & de langueur. Mais disons plutôt que c'est la presence d'un Dieu qui nous communique cette ardeur féconde. Oui c'est un Dieu qui nous inspire : c'est un Dieu ! Heureux celui qui peut attendre le moment où ce feu sacré se rallume, & laisser son ouvrage suspendu, jusqu'à ce que la faveur du ciel soit de retour ! Ne vous hâtez point, ce moment heureux arrivera.

Il y a des saisons où les forêts quittent leur feuillage, il y en a où les fontaines tarissent. Les fleuves ne coulent pas toujours à plein bord. Les champs ne sont point toujours parés des couleurs riantes du printems. Il en est de même de la verve des Poëtes. Quelquefois les esprits sont emoussés, le goût languit : le

Interdum exhaustæ languent ad carmina vires,
415 Absumptusque vigor, studiorumque immemor est
   mens,
Torpescunt sensus, circum præcordia sanguis
Stat gelidus, credas penitus migrasse Camœnas,
Notaque nunquam ipsum rediturum in pectora
   Phœbum :
Nil adeo Musæ, nil subvenit auctor Apollo.
420 Ah ! quoties aliquis frustra consueta retentat
Munera, nec cernit cœlum se tendere contra,
Adversosque Deos, atque implacabile numen ?
Quidam autem inventus, qui sæpe reduceret auras
Optatas veterum cantando carmina vatum,
425 Paulatimque animo blandum invitaret amorem [36],
Donec collectæ vires, animique refecti :
Et rediit vigor ille, velut post nubila & imbres
Sol micat æthereus : unde hæc tam clara repente
Tempestas ? Deus, ecce Deus, jam corda fatigat,
430 Altiùs insinuat venis, penitusque per artus
Diditur, atque faces sævas sub pectore versat.

sang est glacé dans les veines. On croiroit que les Muses se sont retirées pour jamais, qu'Apollon ne reviendra plus, tant ils semblent sourds à la voix du Poëte. Ah ! combien de fois il s'est remis vainement à son travail ordinaire ; parce qu'il ne voyoit pas que le ciel etoit fermé pour lui, & que les Dieux impitoyables desavouoient son effort. J'en ai connu qui dans ces temps d'aridité, ramenoient les vents favorables, & reveilloient leurs esprits & leur goût, en chantant les vers des anciens Poëtes. Le feu du genie se rallumoit tout-à-coup, & brilloit comme le soleil après l'orage & les tristes frimats. D'où vient cette vive clarté ? Voilà le Dieu, le Dieu qui s'empare de lui, qui le penetre,

36 Cette pratique est bonne en général pour tous ceux qui écrivent. Si vous écrivez une Tragédie, lisez avant que de vous mettre au travail, quelques scènes de Racine : si c'est du Comique, lisez Moliere, jusqu'à ce que votre imagination, votre goût, votre oreille soit montée au ton du modèle. Mais ayez soin que ce soit le même genre. Il en est de même des compositions en prose. Il n'est point de meilleure inspiration pour le genie, ni pour le goût.

Nec se jam capit acer agens calor, igneaque intus
Vis sævit, totoque agitat se corpore numen.
Ille autem exultans jactat jam non sua verba,
435 Oblitusque hominem, mirum sonat, haud potis ignem
Excutere, invitum miratur se ire, rapique
Præcipitem, te, Phœbe, vocans, te, Phœbe, prementem
Vociferans, plenusque Deo stimulisque subactus
Haud placidis: non ille dapum, non ille quietis,
440 Aut somni memor hanc potis est deponere curam.
Sæpe etiam in somnis memores Phœbeia versant
Munera, & inventi quidam qui sæpe sopore
In medio Musis cecinêre & Apolline digna.
Tantus amor famæ, præsentis tanta Dei vis.

445 Ne tamen ah nimium puer, ô ne fide calori.
Non te fortunâ semper permittimus uti,
Præsentique aurâ, sævum dum pectore numen
Insidet; at potius ratioque, & cura resistat.
Freno siste furentem animum, & sub signa vocato;
450 Et premere, & laxas scito dare cautus habenas.

qui se repand dans ses veines, qui allume en lui un feu devorant. Il ne se contient plus, son ardeur le consume, le Dieu le maîtrise tout entier : ce ne sont plus ses propres paroles qu'il profere ; ce n'est plus un homme: tout ce qu'il enfante est surnaturel. En vain il veut se delivrer de sa fureur ; c'est malgré lui qu'il s'emporte, qu'il se precipite : il appelle à grand cri Phébus, Phébus, qui le presse de son aiguillon, qui le subjugue. Il a oublié la faim, le repos, le sommeil, il ne connoît que les vers. Il s'en est trouvé qui dans leurs songes même ont chanté des vers dignes des Muses. Tel est l'enthousiasme des Poëtes, tel est la puissance du Dieu qui les anime.

Toutefois, jeune Poëte, ne vous fiez pas trop à ce beau feu. Ne vous livrez pas sans reserve au vent qui souffle, quand le Dieu est present. Moderez cette douce fureur par le jugement & par le goût. Remettez vos esprits sous la regle : usez du frein : sachez lâcher les rênes & les retirer à propos : ou plutôt, quand ce grand feu sera ralenti, re-

Atque ideo semper tunc expectare jubemus,
Dum fuerint placati animi, compressus & omnis
Impetus. Hîc recolens sedato corde revise
Omnia, quæ cæcus menti subjecerit ardor.

455 Præterea haud lateat te nil conarier artem
Naturam nisi ut assimulet, propiúsque sequatur ³⁷
Hanc unam vates sibi proposuêre magistram :
Quidquid agunt, hujus semper vestigia servant.
Hinc varios moresque hominum, moresque animantum,

460 Aut studia imparibus divisa ætatibus apta
Effingunt facie verborum; & imagine reddunt
Quæ tardosque senes deceant, juvenesque virentes,
Fœmineumque genus, quantùm quoque rura colen
Aut famulo distet regum alto è sanguine cretus.

465 Nam mihi non placeat teneros si sit gravis annos
Telemachus supra, senior si Nestor inani
Gaudeat & ludo, & canibus, pictisve pharetris.

Et quoniam in nostro multi persæpe loquuntur

voyez ce que vous avez produit dans l'enthousiasme, & jugez vous de sang froid.

Souvenez-vous encore que l'Art n'a d'autre objet que d'imiter la Nature & de la suivre pas à pas. C'est le seul maître des Poëtes, leur seul guide. C'est pour cela qu'ils s'attachent à peindre les diverses mœurs des hommes, les caractères des animaux, les goûts des différens âges, des différens sexes, de la lente vieillesse, de l'imprudente jeunesse; qu'ils peignent avec des traits différens l'habitant des hameaux & le Prince né dans la pourpre. Je n'aimerois pas Télémaque avec une sagesse au-dessus de son âge, ni Nestor s'occupant de jeux, de chiens, d'un carquois coloré.

Et comme nos personnages parlent souvent dans nos vers, hommes, femmes, Dieux,

---

37 Ceci doit s'entendre avec quelque modification. Il ne suffit pas d'imiter la nature, il faut la choisir. C'est le vrai, le vrai piquant, intéressant, le beau vrai qui est l'objet de la Poësie, & de tous les autres Arts d'imitation.

H iv

Carmine, verba illis pro conditione virorum,
470 Aut rerum damus, & proprii tribuuntur honores;
Cuique suus, seu mas, seu fœmina, sive Deus sit.
Semper enim summus divûm Pater atque hominum R(
Ipse in concilio fatur, si forte coorta
Seditio, paucis. At non Venus [38] aurea contra
475 Pauca refert, Teucrûm indignos miserata labores.
Ingreditur furiis, atque alta similia rumpit
Acta furore gravi Juno, ac fœta usque querelis.
Cumque etiam juveni gliscat violentia major,
Ardens cui virtus, animusque in pectora præsens;
480 Nulla mora in Turno [39], nec dicta animosa retractat
Stat conferre manum, & certamine provocat hoste
Desertorem Asiæ. Verùm quantùm ille feroci
Virtute exuperat, tantò est impensiùs æquum
Et pietate gravem, & sedato corde Latinum
485 Consulere, atque omnes metuentem expendere casu

Multum etiam intererit, Dido ne irata loquatur
An pacato animo [40]. Libycas si linquere terras

nous aurons soin de leur prêter à tous les discours qui leur conviennent. Si le Souverain des Dieux & des hommes ouvre sa bouche immortelle pour calmer les esprits célestes, il ne dit qu'un mot. Si c'est la tendre Vénus qui lui répond, elle se répand en longs gémissemens sur les malheurs des Grecs. Si c'est l'altiere Junon, elle éclate avec fureur & s'emporte en de vifs reproches. Un jeune homme qui sent sa force, est violent & impétueux. Turnus n'a pas le temps de répondre : il est plus simple de combattre ; il défie le lâche déserteur de l'Asie. Mais si Turnus s'emporte, il convient que le sage & juste Latinus délibere & pèse les raisons & les intérêts.

Il y aura aussi une grande différence entre les discours de Didon en fureur & ceux de Didon de sang froid. Si le Troyen s'apprête à quitter les bords de la Libye & à trahir son amour, elle déploiera toute sa rage, &

---

38 Eneid. x. 26.
39 Eneid. xii. 11.
40 Eneid. iv. Tous les discours de Didon sont de la plus parfaite éloquence.

Trojanus paret, & desertum fallere amorem,
Sæviet, ac totâ passim bacchabitur urbe.
490 Mentis inops, immanis, atrox verba aspera rumpet,
Confusasque dabit voces, incertaque & anceps
Quæ quibus ante ferat. Quantùm ah distabit ab illa
Didone, excepit Teucros quæ nuper egentes
Solvere corde metum, atque jubens secludere curas,
495 Invitansque suis vellent considere regnis?

Nec te oratores pigeat artisque magistros
Consuluisse, Sinon Phrygios quo fallere possit [41]
Arte, dolis quocumque animos impellere doctus,
Quo ne tenere queat Graios fandi auctor Ulysses [42]
500 Stante domum Troja tandem discedere certos.
Quid tibi nunc dulcem præ cunctis Nestora dicam,
Qui toties inter primores Argivorum
Ingentes potuit verbis componere lites,
Et mulcere animos, & mollia fingere corda?
505 Artibus his certê Cytherea instructa [43], dolisque
Arma rogat nato genitrix, & adultera læsum

parcourra toute sa ville comme une Bacchante Forcenée, hors d'elle-même, dans un noir désespoir ; ses paroles entrecoupées, mêlées de cris, se heurteront dans leur désordre. Ce n'étoit point ainsi que parloit cette Reine, lorsqu'elle recevoit avec bonté les Troyens dénués de tout, qu'elle leur inspiroit la confiance, qu'elle les invitoit à se fixer dans ses Etats.

Vous ne dédaignerez pas de consulter les Orateurs même & les Maîtres d'éloquence, afin que le fourbe Sinon sache séduire & tromper les Troyens, & que le prudent Ulysse puisse retenir les Grecs prêts de se rembarquer. Vous parlerai-je de la douce persuasion de Nestor, qui calma si souvent les chefs de l'armée, & prévint ou termina leurs querelles ? C'est par cet art que la Déesse de Cythere, toute coupable qu'elle est aux

41 Virgile met dans la bouche du fourbe Sinon, (Eneid. II. 67) les discours les plus artificieux pour séduire les Troyens, & les déterminer à introduire dans leurs murs le fameux cheval de bois.

42 Iliad. II.

43 Eneid. VIII. 370.

Vulcanum alloquitur, dictisque aspirat amorem.
Nam causas petit ex alto indeprensa, virique
Circuit occulta verborum indagine mentem.
510 Discitur hinc etenim sensus, mentesque legentûm
Flectere, diversosque animis motus dare, ut illis
Imperet arte potens (dictu mirabile) vates.
Nam semper seu læta canat, seu tristia mœrens,
Affectas implet tacita dulcedine mentes.
515 Quem non Threicii quondam sors aspera vatis 44
Molliat, amissam dum solo in littore secum
Eurydice, solans ægrum testudine amorem,
Te veniente die, te decedente vocaret?
Quid? puer Euryalus 45 cùm pulchros volvitur artus,
520 Ah dolor! inque humeros lapsâ cervice recumbens
Languescit moriens, ceu flos succisus aratro.
Ardet adire animus lectori, & currere in ipsum
Volcentem, puerique manum supponere mento
Labenti, ac largum frustra prohibere cruorem
525 Purpureo niveum signantem flumine pectus.

44 Il parle d'Orphée dont Virgile décrit les douleurs

yeux de son époux, trouve le moyen de le toucher, & d'obtenir de lui des armes pour un fils qu'il devoit haïr. Elle s'insinue peu à peu, par des détours artificieux, & le Dieu est pris par ses discours adroits comme dans un filet. C'est chez les Rhéteurs qu'on apprend l'art de fléchir les cœurs, de les mouvoir, de les maîtriser. Que les objets soient agréables ou tristes, l'éloquence sait toujours les rendre interessans. Qui ne seroit pas touché du sort déplorable du Chantre de la Thrace, lorsque seul, sur un rivage desert, il console avec sa lyre son amour malheureux, & répéte dès l'aurore le nom de sa chere Eurydice, qu'il répéte encore à la fin du jour! Qui ne seroit pénétré, en voyant le beau corps du jeune Euryale qui se roule dans la poussiere, & sa tête mourante qui se penche sur ses épaules, comme la fleur tendre dont la charue a tranché la tige. On voudroit le défendre contre Volcens, on voudroit le soutenir lorsqu'il chancelle, & arrêter ce ruisseau de sang qui teint en pourpre les lis de sa poitrine.

dans ses Georgiques. IV. 465.　45 Eneid. IX. 433.

Postremo, tibi si qua instant dicenda, ruborem
Quæ tenerum incuterent Musis adaperta, chorisque
Virgineis, molli vel præterlabere tactu
Dissimulans, vel verte aliò, & rem sufficc fictam.
530 Si pater omnipotens [46] tonitru cœlum omne ciebit,
Speluncam Dido, dux & Trojanus camdem
Deveniant, pudor ulteriùs nihil addere curet.
Nam sat erit, tellus si prima, & conscius æther
Connubii dent signum, ululentque in vertice Nymphæ
535 Neve aliis impar nimiùm ne Troïlus [47] armis
Ah puer infelix facito concurrat Achilli,
Quàm quibus in Libyco conspexit littore pictum
Illum Anchisiades heros, dum victus anhelis
Fertur equis, curruque hæret, resupinus inani,
540 Nec pueri veros congressus dicere cures.

Quid deceat [48], quid non, tibi nostri ostendere possum

46 Eneid. IV. 160.
47 Iliad. XXIV. 257.
Eneid. I. 478.

48 Le Décent, *quod decet*, est ce qui convient aux temps, aux person-

ENFIN, si vous avez à parler de quelque objet qui puisse alarmer la pudeur tendre des Muses qui sont vierges, vous le toucherez légérement, ou vous donnerez le change par quelque agréable fiction. Le Pere tout-puissant ébranlera le ciel par son tonnerre : Didon se retirera avec le Prince Troyen dans la même grotte : la décence taira le reste. Ce sera assez que la terre & le ciel aient donné le signal de l'hymen, & que les Nymphes aient poussé en fuyant des cris sur la montagne. Le jeune Troïle, trop foible pour combattre contre Achille, ne se présentera pas avec d'autres armes que celles qu'il a dans le tableau, où le fils d'Anchise le vit au rivage Libyen, percé d'un trait mortel, renversé de son char, & traîné par ses coursiers fougueux. Vous n'avez pas besoin de parler d'autres combats.

S'IL s'agit de goût, & de savoir ce qui nes, aux lieux ; c'est encore la grace, la correction, le costume ; c'est tout ce qui est juste, exact : c'est même tout ce qui plaît ; parce que rien de ce qui est faux ou déplacé ne plaît.

Inventa ex aliis disce, & te plurima Achivos
Consulere hortamur veteres, Argivaque regna
Explorare oculis, & opimam avertere gazam
545 In Latium, atque domum lætum spolia ampla referre.
Haud minor est adeo virtus, si te audit Apollo,
Inventa Argivûm in patriam convertere vocem,
Quàm si tute aliquid intactum inveneris antè.
Aspice ut insignis peregrino incedat in auro
550 Fatidicæ Mantûs, & Minci filius amnis [49],
Fulgeat ut magni exuvias indutus Homeri.
Nec pudet. Egregias artes ostenderit, esto,
Græcia; tradiderit Latio præclara reperta,
Dum pòst in melius aliunde accepta Latini
555 Omnia rettulerint, dum longè maxima Roma
Ut belli studiis, ita doctis artibus omnes,
Quot Sol cunque videt terrarum, anteiverit urbes.
Dii Romæ indigetes, Trojæ tuque auctor Apollo,
Unde genus nostrum cœli se tollit ad astra,
560 Hanc saltem auferri laudem prohibete Latinis.

convient

convient ou ne convient pas, nos Poëtes seront vos maîtres; mais s'il s'agit du fond des choses, il faut vous adresser aux étrangers. Allez consulter les anciens auteurs Grecs, parcourez les Royaumes Argiens, emparez-vous de ce qu'ils ont de plus riche, & revenez chargé de leurs dépouilles. Ce n'est pas un moindre merite de rendre heureusement en latin ce que les Grecs ont inventé, que d'inventer soi-même. Voyez avec quel éclat marche le fils de la divine Manto & du Mincio, paré de l'or étranger, enrichi des trésors d'Homère. Il n'en rougit point. Que la Grèce nous ait enseigné les Arts, qu'elle nous ait communiqué ses inventions, j'y consens: il nous suffit que le Latium ait embelli ce qu'il a reçu, & que la superbe

49 Le Poëte designe Virgile, né dans le territoire de Mantoue, où coule la riviere qu'on appelle Mincio. On raconte que Manto, fille de Tiresias, Devin de la ville de Thebes en Bœotie, passa en Italie, après la mort de son pere, & qu'elle eut pour fils Bianor ou Ocnus, qui fonda Mantoue, & lui donna le nom de sa mere. Servius *ad* Virgil. Eneid. x. 199.

Artibus emineat semper, studiisque Minervæ
Italia, & gentes doceat pulcherrima Roma [50].
Quandoquidem armorum penitus fortuna recessit,
Tanta Italos inter crevit discordia reges.
565 Ipsi nos inter sævos distringimus enses,
Nec patriam pudet externis aperire tyrannis.
Spes tamen Italiæ prostratæ affulserat ingens
Nuper, & egregiis animos erexerat ausis.
Heu frustra. Invidit laudi fors læva Latinæ,
570 Necdum fata malis Italûm exsaturata quiêrunt.
Jam gentes longè positæ trepidare, ducesque
Externi. Jam dives Arabs, jam Nilus, & Indus
Audierant Medicumque genus, stirpemque Deorum.
Jam tum ille egregias curas accinxerat ardens
575 Pro patriæ decore, pro libertate sepulta,
Antiquæ Ausoniæ germano fretus Iulo,

[50] Leon X, de la Maison de Medicis, étoit né

Rome ait surpassé dans les arts aussi-bien que dans les armes, toutes les Nations que le Soleil éclaire de sa lumière. Dieux tutélaires de Rome, & toi Apollon, fondateur de Troie, d'où la race Romaine tire son origine toute céleste, daignez du moins nous conserver cette gloire. Que l'Italie, puisque hélas! c'est le seul avantage qui nous reste, brille toujours au-dessus des autres Nations par les arts & les sciences de Minerve: qu'elle soit du moins l'école des Nations, puisque la. gloire des armes nous a abandonnés, depuis que la funeste Discorde s'est élevée entre nos Rois. Nous nous sommes armés les uns contre les autres; nous ouvrons notre Patrie aux tyrans étrangers. Un rayon d'espérance avoit brillé à nos yeux & ranimé notre courage: le sort jaloux nous l'a ravi. Les destins cruels ne sont pas encore rassasiés de nos maux. Déjà les Nations, les Rois barbares se troubloient au loin. L'Arabe, le Nil, l'Inde avoient entendu le nom des Médicis. Léon, plein

---

à Florence; par conséquent il étoit Toscan. Il fut créé Pape en 1513.

Quicum partitus curarum ingentia semper
Pondera commissas rerum tractabat habenas
Idem regnatorque hominum, divûmque sacerdos.

580 JAMQUE illum Europæ reges, gensque omnis in unum
Conversique oculos, conversique ora tenebant.
Jamque duces animis illum concordibus omnes
Velle sequi trepidos in Turcas arma parantem.
Illum quadrijugo invectum per mœnia curru
585 Roma triumphato vidisses protinus orbe.
Illum Tibri pater lætanti spumeus alveo
Exciperes Tuscus Tuscum, veheresque per undas
Miratus habitusque novos, hominumque figuras.
Issent post currus capti longo ordine reges,
590 Oblitusque minas minor iret barbarus hostis,
Qui victis Solymis nunc, atque oriente subacto
Exultat fidens, orbisque affectat habenas
Efferus, atque Italæ jam jam (scelus) imminet oræ.
Visendi studio passim Romana juventus
595 Per fora, perque vias festâ discurreret urbe.

d'ardeur & secondé de son frere Jules, avec qui il partageoit le poids de ses grandes entreprises, Léon, Roi des humains, Pontife suprême de la Divinité, avoit entamé les plus vastes projets pour la gloire & la liberté de son pays.

Déja les Rois de l'Europe, tout l'Empire chrétien avoit les yeux attachés sur lui. Les grands capitaines s'apprêtoient à le suivre contre le Turc tremblant. Rome trop heureuse! tu les eus vus rentrer triomphans dans tes murs sacrés. Le Tibre, regardant avec étonnement les habillemens & les visages étrangers, eût porté sur ses ondes écumantes un vainqueur né sur ses bords. Une longue suite de Rois enchaînés auroient suivi son char: & le Barbare qui triomphe aujourd'hui dans l'Orient, qui foule aux pieds la ville Sainte, & ose menacer l'Italie, eût oublié son orgueil & ses menaces. La jeunesse Romaine, dans les avenues, dans les places publiques, se seroit empressée de jouir d'un spectacle si beau. Médicis, assis sur un trône doré, eût vu rentrer, après une longue ab-

Ipse suos solio fulgens pater aureus alto
Aspiceret cives longo post tempore visos ;
Barbaricumque aurum, prædæque juberet acervos
Sacratis adytis, penitusque alta arce.⁵¹ reponi.
600 Verùm heu (Dii vestrum crimen) spes tanta repentè
Italiæ absumpta, ac penitus fiducia cessit.
Egregius moriens heros secum omnia vertit⁵².

sence, ses citoyens couverts de gloire, & consacré dans les temples l'or & les dépouilles des barbares vaincus. Un si bel espoir nous a eté ravi. Dieux vous l'avez voulu ! Léon est frappé, & notre gloire disparoît avec lui.

⁵¹ Château-Saint-Ange, *Moles Adriana.*

⁵² Leon X. mourut le premier Décemb. 1521.

LIBER III.

Nunc autem linguæ studium, moremque loquendi,
Quem vates, Musæque probent, atque auctor Apollo
Expediam, curam extremam, finemque laborum.
Discendum indicia & verborum lumina quæ sint
5 Munere Pieridum lustrandis addita rebus.
Ne te opere incœpto deterreat ardua meta,
Audendum puer, atque invicto pectore agendum.
Jam te Pierides summa en de rupe propinquum
Voce vocant, viridique ostentant fronde coronam
10 Victori, atque animo stimulos hortatibus addunt.
Jamque rosas calathis spargunt per nubila plenis
Desuper, & florum placido te plurima nimbo
Tempestas operit, gratumque effusus odorem
Ambrosiæ liquor aspirat, divina voluptas.

15 VERBORUM in primis tenebras fuge[1], nubilaque atra

CHANT III.

Maintenant je vais traiter du langage des Muses, & des façons de parler qu'elles approuvent. Ce sera la derniere partie de mon Ouvrage & le terme de mes travaux. Il s'agit d'apprendre à mes éleves quels sont les mots & les tours qui plaisent aux Muses, dans l'Elocution poëtique. Braves enfans, que la difficulté ne vous étonne point ! Il faut oser & entreprendre avec courage. Voyez les Muses qui vous appellent du haut de leur rocher, & qui montrent les lauriers au vainqueur. Déjà elles répandent sur vous leurs corbeilles pleines de roses : un nuage de fleurs vous couvre : vous respirez les parfums de l'ambroisie.

Votre premier soin sera d'éviter l'obscu-

---

[1] La premiere qualité de l'Elocution, soit Poëtique, soit Oratoire, est la clarté : *prima virtus orationis perspicuitas*. Il faut non-seulement, dit Quintilien, qu'on puisse entendre ; mais qu'on ne puisse pas ne pas entendre.

Nam neque (si tantum fas credere) defuit olim
Qui lumen jucundum ultro, lucemque perosus
Obscuro nebulæ se circumfudit amictu.
Tantus amor noctis, latebræ tam dira cupido.
20 Ille ego sim, cui Pierides dent carmina Musæ
Lumine clara suo, externæ nihil indiga lucis.
Nec tamen id votis optandum denique magnis.
Ipse volens per te poteris : vis Dædala fandi
Tot se adeo in facies, tot se convertit in ora
25 Mille trahens variâ secum ratione colores.
Mille modis aperire datur mentisque latebras;
Quique latent tacito arcani sub pectore motus.
Si tibi, dum trepidas, non hac successerit, & lux
Non datur hinc, te verte aliò, lumenque require
30 Nunc hac, nunc illac, donec diffulserit ultro,
Claraque tempestas cœlo radiarit aperto.
Quin etiam angustis si non urgebere rebus;
Cùm fandi tibi mille viæ, tibi mille figuræ
Occurrent, tu mille vias, tu mille figuras,
35 Nunc hanc, nunc aliam ingredere, & mutare memen

rité. Qui le croiroit! On a vu des écrivains qui fuyoient la lumiere & s'enveloppoient de nuages, tant ils aimoient la nuit & les ténebres. Pour moi, mon premier vœu seroit de demander aux Muses des vers clairs par eux-mêmes, & qui n'eussent besoin d'aucune lumiere étrangere. Et pour cela il n'est pas même nécessaire de fatiguer les cieux. On le peut par soi-même, si on le veut. Il y a tant de manieres, tant de tours, tant de couleurs dans l'art de parler, qu'il n'est pas difficile de bien rendre les pensées de l'esprit & les sentimens du cœur. Si la lumiere se refuse d'un côté, essayez de la tirer d'un autre : tournez, retournez votre expression jusqu'à ce que la lumiere paroisse, & que le ciel brille sans nuage. Si vous n'êtes pas trop resserré par les bornes de votre matiere, & qu'il se présente à vous mille expressions, mille tours, employez mille tours, mille expressions, tantôt l'une, tantôt l'autre, variant à tout moment les figures & les formes : cette variété charme l'oreille & se fait sentir jusqu'à l'ame du lecteur. Car les Poëtes doivent se faire une loi d'éviter

Jamque hos, jamque alios haud segnis sumere vultu
Nempe inde illectas aures immensa voluptas
Detinet, & dulci pertentat pectora motu.
Ergo omnem curam impendunt, ut cernere nusquam
40 Sit formas ² similes, naturæ exempla secuti,
Dissimili quod sint facie quæcumque sub astris
Vitales carpunt auras, genus omne ferarum,
Atque hominum, pictæ volucres, mutæquæ natante

NONNE ³ VIDES verbis ut veris sæpe relictis
45 Accersant simulata, aliundeque nomina porro
Transportent, aptentque aliis ea rebus, ut ipsa,
Exuviasque novas, res, insolitosque colores
Indutæ, sæpe externi mirentur amictus
Unde illi, lætæque aliena luce fruantur,
50 Mutatoque habitu, nec jam sua nomina mallent
Sæpe ideo cum bella canunt, incendia credas
Cernere, diluviumque ingens surgentibus undis.
Contra etiam Martis pugnas imitabitur ignis,
Cum furit accensis acies Vulcania campis.

la répétition des figures : à l'exemple de la Nature qui donne des traits différens à tout ce qu'elle produit, aux hommes, aux bêtes, aux poissons, aux oiseaux, à tout ce qui respire.

Voyez avec quelle grace ils ôtent aux choses leurs vrais noms pour leur en donner d'autres qui sont empruntés d'ailleurs. Ainsi revêtues, elles sont surprises de cette parure étrangere, de cet éclat nouveau, de ces couleurs insolites dont elles ignorent la cause, & qu'elles préferent à leurs dénominations accoutumées. Si le Poëte veut chanter les combats, on croit voir un incendie, ou les ondes rapides d'un déluge qui ravage les campagnes. S'il peint un incendie qui déploie ses fureurs dans les champs embrâsés, c'est avec

---

[2] Nous avons cru que *forma*, en fait d'elocution, ne pouvoit signifier que les différens tours & les différentes figures, grammaticales, oratoires & poëtiques.

[3] Description & exemples de la métaphore. Aristote l'a définie dans sa Poëtique, chap. 20. n° 4.

55 Nec turbato oritur quondam minor æquore pugna,
Confligunt animosi Euri certamine vasto
Inter se, pugnantque adversis molibus undæ 4.
Usque adeò passim sua res insignia lætæ
Permutantque, juvantque vicissim, & mutua sese
60 Altera in alterius transformat protinus ora !
Tum specie capti gaudent spectare legentes.
Nam diversa simul datur è re cernere eadem
Multarum simulacra animos subeuntia rerum.
Ceu cùm forte olim placidi liquidissima ponti
65 Æquora vicina spectat de rupe viator,
Tantùm illi subjecta oculis est mobilis unda.
Ille tamen sylvas, interque virentia prata
Inspiciens miratur, aquæ quæ purior humor
Cuncta refert, captosque eludit imagine visus.
70 Non aliter vates nunc huc traducere mentes
Nunc illuc, animisque legentûm apponere gaudet
Diversas rerum species, dum tædia vitat.
Res humiles ille interea non secius effert
Splendore illustrans alieno, & lumina vestit,

les couleurs qui sont propres aux combats du dieu Mars. Il peint avec ces mêmes couleurs les vents furieux qui se déchaînent sur les mers, & les flots amoncelés qui combattent contre les flots ; tant les objets semblent se plaire à changer entre eux leurs décorations & leurs titres, à s'aider mutuellement, & à se prêter leurs habillemens & leurs traits ! Le lecteur ne se plaît pas moins à voir plusieurs images qui se présentent sous un même mot. Semblable au voyageur qui, assis sur le rocher voisin, regarde l'onde claire & paisible, & dans l'onde les vertes forêts, les prairies émaillées que le cristal liquide lui repete fidelement : il est charmé de cette variété. Le Poëte se fait de même un plaisir, pour écarter l'ennui, de porter l'esprit de son lecteur sur des objets divers. Il trouve le moyen d'exprimer les plus petites choses en les revêtant d'une lumiere étrangère, qui

---

4 La métaphore continuée s'appelle allegorie : *Cette jeune plante*, (en parlant d'une jeune Princesse) *ainsi arrosée des eaux du ciel*, ne fut pas long-temps sans *porter du fruit*. Flech.

75 Verborumque simul vitat dispendia parcus

Hunc fandi morem (si vera audivimus) ipsi
Cælicolæ exercent cœli in penetralibus altis,
Pieridum chorus in terras quem detulit olim,
Atque homines docuêre, Deûm præclara reperta.
80 Illæ etenim Jovis ætherea dicuntur in aula
Immixtæ superis festas agitare choreas,
Et semper canere alternæ, Phœbique fruuntur
Colloquio, vatumque inspirant pectora ab alto.
Nec tamen haud solis fugit hæc me nota poëtis,
85 Verùm etiam auctores alii experiuntur & audent,
Præcipuè orantes causas, fandique magistri,
Seu sontes tendant legum compescere habenis,
Seu caros cupiant atris è mortis amicos
Faucibus eripere, & defletos reddere luci.
90 Quin etiam agricolas ea fandi nota voluptas
Exercet, dum læta seges, dum trudere gemmas
Incipiunt vites, sitientiaque ætheris imbrem
Prata bibunt, ridentque satis surgentibus agri.

tout

tout à la fois enrichit le discours, le releve & l'abrege.

Ce langage, si on en croit la Renommée, est celui dont usent les Dieux dans les demeures célestes, d'où les neuf Muses l'apporterent sur la Terre & l'enseignerent aux mortels. Car on dit que les Muses célébrent dans le palais de Jupiter leurs danses avec les Dieux, qu'elles y chantent leurs vers alternativement en deux chœurs, qu'elles y jouissent de l'entretien de Phébus, & que c'est delà qu'elles inspirent les Poëtes. Toutefois ce langage n'appartient pas aux Poëtes seuls. Il est connu des Orateurs savans dans l'art de parler, qui l'emploient, soit qu'ils veulent effrayer le crime par la sévérité des lois, ou défendre les jours d'un ami contre la calomnie, ou rendre à la vie les morts illustres. Le laboureur même en sent les charmes, lorsqu'il parle de ses prairies *riantes*, *des pleurs* de la vigne ; lorsqu'il dit que ses champs *altérés s'abbreuvent* de rosée, & qu'ils lui *promettent* une riche moisson.

Partie III. K

Hanc vulgo speciem propriæ penuria vocis
95 Intulit, indictisque urgens in rebus egestas.
Quippe ubi se vera ostendebant nomina nusquam;
Fas erat hinc, atque hinc transferre simillima veris.
Paulatim accrevere artes, hominumque libido,
Quodque olim usus inops reperit, nunc ipsa voluptas
100 Postulat, hunc addens verborum rebus honorem.
Sic homines primùm venti vis aspera adegit,
Vitandique imbres stipulis horrentia tecta
Ponere, & informi sedem arctam claudere limo.
Nunc altæ æratis trabibus, Pariisque columnis
105 Regifico surgunt ædes ad sidera luxu.
Parciùs ista tamen delibant, & minùs audent
Artifices alii, nec tanta licentia fandi
Cuique datur, solis vulgò concessa poëtis.
Nempe pedum hi duris cohibentur legibus, & se
110 Sponte suâ spatiis angusti temporis arctant.
Liberiùs fas campum aliis decurrere apertum.

Sacri igitur vates facta, atque infecta canentes

Ce fut d'abord la disette qui employa cet art comme une ressource nécessaire. Faute de mots propres, il fut permis de faire des emprunts dans les genres voisins. Mais bientôt ces emprunts furent multipliés par le goût : on donne aujourd'hui à l'agrément ce qu'on accordoit autrefois au besoin. C'est ainsi que les premiers humains appuyoient des toits de chaume sur une frêle enceinte d'argile, pour se défendre de la pluie & des vents : aujourd'hui ce sont des colonnes de Paros qui soutiennent des poutres dorées & des palais pompeux dont le faîte touche le ciel. Cependant les autres genres doivent user de la métaphore plus sobrement que la Poësie. La Prose se promène dans un champ libre : la Poësie contrainte par les dures lois de la versification, est resserrée étroitement, & a droit de se dédommager par quelque licence.

C'est donc un principe, que les Poëtes qui chantent également le vrai & le faux, peuvent aussi user ouvertement des licences du

Libertate palàm gaudent majore loquendi,
Quæsitique decent cultus magis, atque colores
115 Insoliti, nec erit tanto ars deprensa pudori.
Crebriùs hi fando gaudent super æthera miris
Tollere res⁵ (nec sit fas tantum credere) dictis.
It cœlo clamor, tremit omnis murmure olympus.
Nec mora, bis vocem ingeminant, urbisque ruinas,
120 Fataque, præliaque, & sortem execrantur⁶ iniquam,
O pater, ô patria, ô Priami domus inclyta quondam,
Clamantes, cecidit, prô Jupiter! Ilion ingens.
Quid cùm Neptunum dicunt mare⁷, vina Lyæum,
Et Cererem frumenta, patrumque è nomine natos
125 Significant, memorantque urbes pro civibus ipsis?
Atque ideo timor attonitos cùm invaserit Afros,
Africa terribili tremet horrida terra tumultu.
Nec deerit, tibi pro fluviis, proque omnibus undis
Pocula qui pressis Acheloïa misceat uvis⁸.

langage. Il leur sied de laisser voir le soin &
l'appareil, d'employer des couleurs extraordinaires : l'art surpris ne rougit point chez eux.
L'hyperbole audacieuse s'éleve jusqu'au ciel :
ce sont des cris qui *percent les nues*. Ils répétent les mots en s'exclamant sur les guerres
funestes, sur les villes ruinées, sur les destins ennemis : *O mon Pere ! ô Patrie ! ô
Maison de Priam jadis si renommée ! grands
Dieux ! c'en est fait, Ilion n'est plus !* La mer
est Neptune; le vin est Bacchus; le froment,
Cerès : les enfans n'ont plus de nom que celui de leur pere : les habitans sont la ville :
lorsque la terreur saisit les Africains, c'est
l'Afrique elle-même qui tremble jusque dans
ses fondemens. Il en est qui pour toutes les
eaux, pour tous les fleuves de l'univers, ne
connoissent que l'Acheloüs, dont ils mêlent
l'onde avec le jus du raisin.

5 C'est l'Hyperbole, figure oratoire.

6 C'est l'Imprecation & l'Exclamation.

7 C'est la Metonymie.

8. Macrobe prouve, Saturn. V, c. 18, que chez les Grecs le mot Acheloüs étoit pris figurément pour l'eau en général.

130 Ecce autem subitis conversi vocibus ultro
Sæpe aliquem longè absentem, desertaque, & antra
Et solos montes affantur 9. Sæpe salutant
Sylvasque, fluviosque, & agros, sensuque carentes
Speluncas, velut hæc sint responsura vocata :
135 Et vos, ô vacui, compellant nomine saltus.
Præterea verbis inimicos addere sensus
Oppositis 10, dum dissimulant, aliudque videbis
Sæpe loqui, atque aliud simulatâ condere mente.
Egregia intereà conjux ita nocte supremâ
140 Deiphobo fidum capiti subduxerat ensem.
Nec minùs insignis Drances, cùm stragis acervos
Tot dedit, & claris insigniit arva trophæis 11.
Quid sequar ulteriùs, quanta dulcedine captas
Detineant aures, vocem cùm rursus eamdem
145 Ingeminant 12, modò non verborum cogat egestas ?
Pan etiam Arcadiâ neget hoc si judice præsens,
Pan etiam Arcadiâ dicam te judice vanum.

    9 C'est l'Apostrophe.   10 C'est l'Ironie. *Egre-*

Mais tout-à-coup le discours change, & s'adresse aux habitans des pays lointains: on apostrophe les deserts, les cavernes ténébreuses, les monts solitaires. On salue les bois, les fleuves, les champs fertiles, les rochers insensibles; on les appelle comme s'ils devoient repondre; *& vous vastes forêts!* en les nommant par leurs noms. On prend les mots dans un sens contraire à leur vrai sens. On dit l'opposé de ce qu'on pense: *Cependant sa tendre & fidele epouse, dans cette derniere nuit avoit retiré l'epée de dessous le chevet de Deïphobe.* On parle de même de la valeur de Drancés, à qui Turnus en colere, reproche ironiquement *d'avoir entassé des monceaux de morts, & couvert les champs de ses trophées.* Dirai-je quel charme c'est pour l'oreille, lorsque, sans y être forcés par la disette, ils repetent le même mot: *Pan lui-même, s'il disoit le contraire devant les bergers d'Arcadie, Pan seroit condamné par les bergers d'Arcadie.*

gia interea, &c. est un exemple tiré de l'Enéide VI. 523.
[11] Æneïd. xv. v. 384.

[12] C'est la Repetition: l'exemple est tiré de Virgile, Eglogue IV. vers 58.

Hæc adeò cùm sint, cùm fas audere poëtis
Multa modis multis, tamen observare memento
150 Si quando haud propriis rem mavis dicere verbis
Translatisque aliunde notis, longèque petitis,
Ne nimiam ostendas, quærendo talia, curam.
Namque aliqui exercent vim duram, & rebus iniquis
Nativam eripiunt formam indignantibus ipsis,
155 Invitasque jubent alienos sumere vultus.
Haud magis imprudens mihi erit, & luminis expers,
Qui puero ingentes habitus det ferre gigantis,
Quàm si quis stabula alta, lares appellet equinos,
Aut crines magnæ Genitricis gramina dicat.
160 Præstiterit verò faciem, spolia & sua cuique
Linquere, & interdum propriis rem prodere verbis,
Indiciisque suis, ea sint modò digna Camœnis.

Res etiam poteris rebus conferre [13] vicissim
Nominibusque ambas verisque, suisque vocare.
165 Quod faciens fuge verborum dispendia, paucisque
Includas numeris, unde illa simillima imago

MAIS quoique ces licences & tant d'autres soient accordées aux Poëtes, il est bon de voir quelquefois s'il ne seroit pas mieux d'employer le terme propre, ne fût-ce que pour eviter l'affectation & l'excès des ornemens. Il y en a qui usent de violence, qui depouillent les choses de leurs vrais noms, malgré elles-mêmes, & qui leur en font prendre d'autres qui leur repugnent. J'aimerois autant qu'on revêtit un enfant d'un habit de geant, que d'entendre dire que les ecuries sont *les Lares chevalins*, & les herbes menues, *les cheveux de la mere Cybele*. Il vaut bien mieux laisser à la chose sa denomination accoutumée, pourvu qu'elle ne soit pas indigne des Muses, que de vouloir la decorer de cette maniere.

Vous pourrez aussi comparer les objets entre eux, sous leurs veritables noms; pourvu que les traits de ressemblance soient rendus

---

13 C'est la Comparaison, figure oratoire qui met en présence deux objets analogues, dont l'un est l'image de l'autre.

Ducitur, & breviter confer, ne fortè priorum
Oblitus sermonum aliò traducere mentem,
Inque alia ex aliis videare exordia labi.

170 JAMQUE AGE, verborum qui sit delectus habendus,
Quæ ratio; nam nec sunt omnia versibus apta,
Omnia nec pariter tibi sunt uno ordine habenda.
Versibus ipsa etiam divisa, & carmina quantùm
Carminibus distant, tantùm distantia verba
175 Sunt etiam inter se, quamvis communia multa
Interdum invenies versus diffusa per omnes.
Multa decent scenam, quæ sunt fugienda canenti
Aut divûm laudes, aut heroûm inclyta facta [14].
Ergo altè vestiga oculis, aciemque voluta
180 Verborum sylva in magna, tum accommoda Mus
Selige, & insignes vocum depascere honores,
Ut nitidus puro versus tibi fulgeat auro.
Rejice degenerem turbam nil lucis habentem,
Indecoresque notas, ne sit non digna supellex.
185 Quo fieri id possit, veterum te semita vatum

en peu de mots, & ne fassent point oublier ce qui precéde, ni penser qu'on va entamer un autre sujet.

Passons maintenant au choix des mots. Car tous les mots ne conviennent pas à la Poësie, ni au même genre de Poësie. Chaque genre a les siens, aussi differens entre eux, que les genres mêmes le sont; quoiqu'il y en ait beaucoup, qui sont communs à tous les genres. Il en est qui conviennent à la scene, & qui ne conviendroient pas à la poësie consacrée aux Dieux & aux Heros. Levez les yeux: promenez vos regards sur cette forêt immense, & choisissez. Prenez hardiment ce qui vous convient, ce qu'il y a de plus beau & de plus precieux; que votre vers soit tout brillant d'or & de diamans, & rejetez loin de vous cette foule dégradée, ces locutions vulgaires & triviales, qui deshonnoreroient la Poësie. Les Auteurs de l'antiquité vous servi-

14 Le Poëte designe ici la différence des styles selon les genres & les especes de Poësie. C'est ce qu'Horace appelle *les couleurs*: Art. Poët. v. 86. voyez aussi la Remarque.

Observata docebit, adi monimenta priorum
Crebra, oculis animoque legens, & multa voluta.

Tum quamvis, longè si quis supereminet omnes,
Virtutem ex illo, ac rationem discere fandi
190 Te jubeam, cui contendas te reddere semper
Assimilem, atque habitus, gressusque effingere eunt
Quantùm fata sinunt, & non aversus Apollo;
Haud tamen interea reliquûm explorare labores
Abstiteris vatum, moneo, suspectaque dicta
195 Sublegere, & variam ex cunctis abducere gazam.
Nec dubitem versus hirsuti sæpe poëtæ
Suspensus lustrare, & vestigare legendo,
Sicubi se quædam fortè inter commoda versu
Dicta meo ostendant, quæ mox melioribus ipse
200 Auspiciis proprios possim mihi vertere in usus,
Detersa prorsus prisca rubigine scabra.
Flumina sæpe vides immundo turbida limo :
Haurit aquam tamen inde frequens concursus, & alti
Important puteis ad pocula. Desuper illa

ront de guides & de modeles : etudiez-les profondement; lisez-les souvent & longtems.

S'IL EN EST quelqu'un parmi eux qui excelle, qu'il soit preferé: tâchez de copier son tour, sa marche, de prendre sa maniere, autant qu'il sera en vous, & que Phébus vous le permettra. Je ne veux pas dire pour cela que vous renonciez à tous les autres, dont vous pourrez recueillir & mettre en depôt les plus belles expressions. Je ne dedaignerois pas même de parcourir legerement les Poësies herissées d'un mechant auteur, dont quelquefois je tirerois des expressions de genie, que je placerois sous de meilleurs auspices, & de manière à en faire disparoître la rouille. Les fleuves bourbeux servent quelquefois de boisson aux peuples du voisinage. On en verse les eaux dans des vases larges & profonds, où se filtrant à travers une couche de sable, elles deposent ce qu'elles ont d'impur. Il n'est rien, quelque grossier, quelque rude qu'il soit,

205 Occultis diffusa canalibus influit, omnemque
Illabens bibulas labem exuit inter arenas.
Nil adeò incultum, quod non splendescere possit
Præcipuè si cura vigil non desit, & usque
Mente premas, multùmque animo tecum ipse vo.

210 Atque ideo ex priscis semper quo more loquam
Discendum, quorum depascimur aurea dicta,
Præcipuumque avidi rerum populamus honorem
Aspice ut exuvias, veterumque insignia nobis
Aptemus. Rerum accipimus nunc clara reperta,

215 Nunc seriem, atque animum verborum, verba
quoque ipsa ¹⁵.
Nec pudet interdum alterius nos ore locutos.
Cùm verò cultis moliris furta poëtis,
Cautiùs ingredere, & raptus memor occule ve.
Verborum indiciis, atque ordine falle legentes

220 Mutato: nova sit facies, nova prorsus imago.
Munere (nec longum tempus) vix ipse peracto
Dicta recognosces veteris mutata poëtæ.

qu'on ne vienne à bout de polir, si on y met le soin & le temps.

C'est donc des Anciens que nous apprendrons ce qui regarde l'elocution. Nous tâcherons de leur derober leurs richesses & leurs graces. Avec quel eclat nous nous parons de leurs depouilles ! Nous leur derobons tantôt ce qu'ils ont inventé de plus beau, tantôt la disposition des choses, tantôt leurs idées, tantôt leurs mots : nous ne rougissons point de parler par leur bouche. Mais ces larcins doivent être faits avec adresse, & deguisés avec art, soit en changeant les mots, lorsqu'on prend les pensées, soit en plaçant les mots autrement. En un mot, il faut que tout prenne une face si nouvelle, que quand vous-même, quelque temps après, vous relirez votre ouvrage, vous ne reconnoissiez plus ce qui n'est pas de vous.

―――――

15 *Res*, le fond des choses, les matériaux; *series*, la liaison, la disposition des choses; *animus verborum*, la signification des mots; enfin *verba ipsa*, les mots eux-mêmes.

Sæpe palàm quidam rapiunt, cupiuntque videri
Omnibus intrepidi, ac furto lætantur in ipso
225 Deprensi, seu cùm dictis nihil ordine verso
Longè alios iisdem sensus mirâ arte dedêre,
Exueruntque animos verborum impune priores.
Seu cùm certandi priscis succensa libido,
Et possessa diu, sed enim malè condita victis
230 Extorquere manu juvat, in meliusque referre [16].
Ceu sata, mutatoque solo feliciùs olim
Cernimus ad cœlum translatas surgere plantas.
Poma quoque utiliùs succos oblita priores
Proveniunt. Sic regna Asiæ, Trojæque penates
235 Transtulit, auspiciis Phrygius melioribus heros
In Latium, quamvis (nam divûm fata vocabant)
Invitus, Phœnissa, tuo de littore cessit:
Nec connubia læta, nec incœpti Hymenæi
Flexerunt immitem animum : tu victa dolore
240 Occidis, & curæ vix ipsa in morte relinquunt.
Nunquam ô Dardaniæ tetigissent vestra carinæ
Littora, fors nulli poteras succumbere culpæ.

Il en est qui prennent ouvertement & avec intrepidité, qui même s'en font une gloire, parce que sous les paroles qu'ils ont empruntées ils ont eu l'art merveilleux d'enfermer un autre sens; ou que luttant contre les Anciens, ils ont trouvé le moyen, en leur ravissant leur bien, d'en faire un meilleur usage qu'eux. C'est ainsi que les plantes transportées dans un sol nouveau, & les arbres entés sur une tige etrangère, produisent de plus belles fleurs ou de plus beaux fruits. Ce fut ainsi que le héros Phrygien transporta dans le Latium, sous de meilleurs auspices, les royaumes de l'Asie, & les Dieux de Troie; quoiqu'il t'eût quittée à regret, malheureuse Phénicienne : car tel etoit l'ordre des destins. Ni les charmes de l'Amour, ni l'Hymen commencé ne purent flechir son cœur. Tu succombas : la mort à peine mit fin à ta douleur. Heureuse, & peut-être toujours innocente ! si les vaisseaux Troyens n'avoient jamais approché de tes rivages.

[16] Vida se peint ici lui-même, c'est sa façon d'imiter. On peut lui appliquer encore ce qu'il dit plus bas, v. 260 & suivant.

Partie III.

ERGO agite ô mecum securi accingite furtis
Unà omnes, pueri, passimque avertite prædam.
245 Infelix autem (quidam nam sæpe reperti)
Viribus ipse suis temerè qui fisus, & arti,
Externæ quasi opis nihil indigus, abnegat audax
Fida sequi veterum vestigia, dum sibi prædâ
Temperat heu nimiùm, atque alienis parcere crevit.
250 Vana superstitio, Phœbi sine numine cura.
Haud longum tales ideo lætantur, & ipsi
Sæpe suis superant monimentis, illaudatique
Extremum ante diem fœtus flevêre caducos,
Viventesque suæ viderunt funera famæ.
255 Quàm cuperent vano potiùs caruisse labore,
Eque suis alias didicisse parentibus artes !

SÆPE mihi placet antiquis alludere dictis,
Atque aliud longè verbis proferre sub iisdem.
Nec mea tam sapiens per sese prodita quisquam
260 Furta redarguerit, quæ mox manifesta probabunt
Et nati natorum, & qui nascentur ab illis.

Ne craignez donc point, Enfans généreux : venez avec moi recueillir partout le plus riche butin. Malheur à celui qui ne veut user que de son genie. Car il s'en est trouvé de cette sorte, qui, par un excès de confiance en leurs propres forces, & rejetant tout secours etranger, ont prétendu se suffire à eux-mêmes, & se passer des Anciens & de leurs richesses. Vains respects ! que Phébus desavoue. Aussi la gloire de ces Poëtes a-t-elle eté de courte durée. On les a vus souvent survivre à leurs propres ouvrages qu'ils ont pleurés eux-mêmes : ils vivoient encore, & leur renommée etoit dejà dans le tombeau. Que de graces ils eussent rendu à leurs parens, s'ils les avoient appliqués à d'autres objets !

Pour moi j'aime à me jouer avec les expressions des Anciens, & à les porter sur d'autres idées. Je ne crains point que l'homme de goût me reproche des larcins qui se manifestent, & pour lesquels j'attends l'approbation de nos derniers neveux : tant je suis eloi-

Tantùm absit, pœnæ metuens infamis ut ipse
Furta velim tegere, atque meas celare rapinas.

Non tamen omnia te priscis fas fidere, qui non
265 Omnia sufficient. Quærenti pauca labore
Attentanda tuo nondum ulli audita supersunt.
Nos etiam quædam iccirco nova condere nulla
Relligio vetat, indictasque effundere voces.
Ne verò hæc penitùs fuerint ignota, suumque
270 Agnoscant genus, & cognatam ostendere gentem
Possint, ac stirpis nitantur origine certæ.
Usque adeò patriæ tibi si penuria vocis
Obstabit, fas Grajugenûm felicibus oris
Devehere informem massam, quam incude Latinâ
275 Informans patrium jubeas dediscere morem.
Sic quondam Ausoniæ succrevit copia linguæ.
Sic auctum Latium, quò plurima transtulit Argis
Usus, & exhaustis Itali potiuntur Athenis.
Nonne vides mediis ut multa erepta Mycenis
280 Graia genus fulgent nostris immixta, nec ullum

gné de les dissimuler, par la crainte du reproche.

Toutefois il ne faut pas que votre confiance pour les Anciens, soit exclusive. Ils ne vous fourniroient pas toujours ce dont vous avez besoin. Il est des expressions que vous ne pouvez devoir qu'à vous même. Quand il y aura des idées nouvelles à rendre, nul scrupule ne doit vous empêcher de faire des mots nouveaux. Mais ces mots, pour être entendus, porteront une certaine empreinte originelle, des traits de race, qui les feront reconnoître. Vous pourrez tirer des mines abondantes de la Grece une matiere informe, que vous forgerez sur l'enclume des Latins, & qui prendra la forme romaine. Ce fut par là que le langage Ausonien s'enrichit autrefois, que les tresors d'Argos passerent à Rome, qu'Athenes toute entiere fut transportée en Italie. Combien de mots grecs d'origine, sont venus de Mycenes, se mêler parmi les nôtres? On n'y apperçoit plus de différence: L'etranger & le citoyen marchent partout d'un pas egal, & jouissent des mêmes droits.

Apparet discrimen? Eunt insignibus æquis
Undique per Latios, & civis, & advena, tractus.
Jam dudum nostris cessit sermonis egestas.
Rarò uber patriæ, tibi rarò opulentia deerit;
285 Ipse suis Cicero thesauris omnia promet,
Auctoresque alii nati felicibus annis
Omnia sufficient, nec solis crede poëtis.
Sæpe etiam vidi veterum inter carmina vatum
Barbarico versus cultu, gazaque superbos [17],
290 Belgicaque immisit trans Alpes esseda Gallus
In Latium, & longæ Macedûm venêre sarissæ.
Et metuam ne deficiat me larga supellex
Verborum, angustique premat sermonis egestas!

Quin & victa situ, si me penuria adaxit,
295 Verba licet renovare: licet tua sancta vetustas
Vatibus indugredi sacraria. Sæpius olli
Ætatis gaudent insignibus antiquaï,
Et veterum ornatus induti incedere avorum [18].
Non tamen ille veter squalor fuat undique, & ater

Il y a long-temps que notre langue ne connoît plus la pauvreté ; rarement elle vous manquera au besoin. Ciceron nous ouvre des tresors inépuisables, ainsi que les autres auteurs nés dans les temps heureux ; car il n'est pas necessaire de se borner aux Poëtes. Combien de vers chez les Anciens se sont enrichis de l'or & du luxe des Barbares ! Le Gaulois a conduit ses chariots belgiques dans le Latium. Les longues sarisses des Macedoniens y ont eté apportées ; & je craindrois de manquer de termes, & que ma langue pauvre ne se refusât à mes idées !

Enfin, si pauvreté m'y force, je rajeunirai de vieux mots ; j'entrerai dans les sanctuaires de la venérable Antiquité. Les Poëtes aiment quelquefois à se parer d'acoutremens à l'antique, & à se revêtir des pourpoints de leurs aïeux. Ils le peuvent, pourvu qu'ils ne rappellent point trop de ces mots surannés, & pour

---

17 *Gaza*, mot Perse ; *Essedum*, mot Gaulois ; *Sarissa*, mot Macédonien.

18 *Adaxit*, contraction antique ; *indugredi*, antiquaï, mots vieux & surannés.

300 Verborum situs. His modus adsit denique quando
Copia non desit, quorum nunc pervius usus.

Tum quoque si deerunt rebus sua nomina certa,
Fas illas aptâ verborum ambire coronâ [19],
Et latè circumfusis comprendere dictis.
305 Verba etiam tum bina juvat conjungere in unum
Molliter inter se vinclo sociata jugali.
Verùm plura nefas vulgò congesta coïre,
Ipsaque quadrifidis subniti carmina membris.
Itala nec passim fert monstra tricorpora tellus.
310 Horresco diros sonitus, ac lævia fundo
Invitus perterricrepas per carmina voces.
Argolici, quos ista decet concessa libido,
Talia connubia, & tales celebrent Hymenæos;
Tergeminas immane struant ad sidera moles
315 Pelion addentes Ossæ, & Pelio Olympum.

At verbis etiam partes ingentia in ambas
Verba interpositis proscindere, seque parare [20];

[19] C'est la Periphrase.

ainsi dire decrepits. Ils seront d'autant plus reservés en cette partie, que les mots autorisés par l'usage ne nous manquent point.

Vous pouvez encore, s'il n'y a point de mot propre pour rendre votre idée, user de circuit, & la couronner, pour ainsi dire, de plusieurs mots. Vous pouvez marier ensemble deux mots, pour n'en faire qu'un ; à condition toutefois que vous n'irez point au-delà de deux. Un vers ne peut s'appuyer sur un mot composé de quatre autres mots. L'Italie ne produit point de ces monstres. Mon oreille s'effarouche quand je prononce dans un vers ces superfetations insolites. Laissons aux Grecs de celebrer de pareils Hymenées, qui conviennent à leur langue ; qu'ils elevent jusqu'au ciel des masses monstrueuses, entassant le Pelion sur l'Ossa, & l'Olympe sur le Pelion.

Quelquefois encore vous separerez le

[20] C'est la Tmese, figure propre aux langues Greque & Latine : l'exemple est *seque parare*, pour *& separare*. M. Huet tourne en ridicule les elisions trop dures & les Tmeses dans ce vers : *At posquam admotsum est noctis cere frigoribus brum.*

Deterere interdum licet, atque abstraxe [21] secando
Exiguam partem, & strinxisse fluentia membra.
520 Idcirco si quando ducum referenda, virûmque
Nomina dura nimis dictu, atque asperrima cultu,
Illa aliqui, nunc addentes, nunc inde putantes
Pauca minutatim, lêvant, ac mollia reddunt,
Sichæumque vocant mutatâ parte Sicarbam.
525 Hinc mihi Titanum pugnas, & sæva gigantum
Bella magis libeat canere, Enceladique tumultus,
Quàm populos Italâ quondam virtute subactos,
Atque triumphatas diverso à littore gentes [22].

Sed neque verborum causâ vis ulla canentem,
530 Consilium præter, cogat res addere inanes,
Nomina sed rebus semper servire jubeto
Omnia perpendens versûs resonantia membra.
Verba etenim quædam ignarum te fallere possunt,
Ni vigiles, mandatum & munus obire recusent,
535 Furenturque operi clam sese, & inertia cessent,
Cætera dum labor exercet concordia jussus.

parties d'un même mot en plaçant entre elles un autre mot. Vous retrancherez dans celui-ci une syllabe, pour en resserrer & affermir la finale; vous ajouterez, vous ôterez aux noms propres trop durs, pour les rendre plus legers, plus doux : vous direz Sichée au lieu de Sicarbas. Par cette raison, j'aimerois mieux chanter les combats des Titans, & les efforts tumultueux d'Encelade & des autres Géants, que les anciennes victoires de nos Romains, & leurs triomphes sur les peuples Barbares.

Que nul egard, nul attrait ne vous fasse employer un mot vide de sens : pesez tous vos termes selon leur valeur, & n'en laissez aucun qui ne porte une idée. Il en est quelquefois qui vous trompent, qui vous echap-

[21] C'est l'Apherèse : *Abstraxe*, pour *Abstraxisse*.
[22] Despréaux dans son Epitre IV, fait de ces noms durs & barbares, des monstres qui effraient les Muses :

Et qui peut sans fremir aborder Woerden ?
Quel vers ne tomberoit au seul nom de Heusden ?

Quæque suus; tantùm illa dabunt numerumque, so-
numque.
Atque ideo quid ferre queant, quid quæque recu-
sent
Explorare priùs labor esto, & munera justa
340 Mandato, ac proprium cunctis partire laborem.
Obscuros aliter crepitus, & murmura vana
Miscebis, ludesque sonis fallacibus aures.
Nec tamen interdum vacuas, animoque carentes
Addubitem ipse volens incassum fundere voces,
345 Verbaque, quæ nullo fungantur munere sensûs,
Dives ut egregio tantùm & conspectus amictu
Versus eat, dulcique sono demulceat aures.
Atque adeò quæ sint ne verò [23] quære : profectò
Illa, tibi se sponte dabunt per se obvia passim.
350 Sæpe autem ruptis vinclis exempta volutes
Membra, & compactum quæsitor disjice versum;
Pòst iterum refice, & partes in pristina redde
Partibus avulsas. Nunquam te libera vinclis
Incautum fallent resoluto carmine verba.

pent, si vous n'êtes attentif, qui se derobent à leurs fonctions, & qui restent oisifs, tandis que les autres travaillent comme ils le doivent. Ce n'est que du son, qu'une cadence vaine. Examinez les donc avec soin : sachez ce qu'ils peuvent, ou ne peuvent point rendre, & employez-les chacun selon leurs vertus. Autrement vos vers ne seront qu'un vain bruit, qui fera illusion aux oreilles, sans rien porter à l'esprit. Ce n'est pas qu'on ne puisse quelquefois employer un mot oisif, & qui n'ajoute rien au sens, pour embellir le vers & le rendre plus aimable. Vous ne me demanderez pas quels sont ces mots; ils se presenteront d'eux-mêmes dans l'occasion. Un moyen sûr de n'être point trompé par la beauté des sons, c'est de dissoudre le vers, d'en disperser les membres, ensuite de les remettre en leur lieu : cette décomposition ne manquera pas de vous eclairer sur les superfluités.

---

23 *Verò, Adeò, Profectò*, sont des mots à-peu-près inutiles dans ce vers.

355 Huc ades. Hîc penitùs tibi totum Helicona recludat
Te Musæ, puer, hîc faciles penetralibus imis
Admittunt, sacrisque adytis invitat Apollo.
Principiò quoniam magni commercia cœli
Numina concessêre homini, cui carmina curæ,
360 Ipse Deûm genitor divinam noluit artem
Omnibus expositam vulgò, immertisque patere.
Atque ideo, turbam quo longè arceret inertem
Angustam esse viam voluit, paucisque licere.
Multa adeò incumbunt doctis vigilanda poëtis.

365 Haud satis est illis utcumque claudere versum,
Et res verborum propriâ vi reddere claras.
Omnia sed numeris vocum concordibus aptant,
Atque sono quæcumque canunt imitantur, & aptâ
Verborum facie, & quæsito carminis ore [24].

[24] Il a parlé de la Poësie des choses, de celle des mots, de celle du style, il va parler de ce qu'on peut appeler *la Poësie du vers* : c'est-à-dire, d'une sorte d'expression qui resulte de la forme du vers pris dans sa totalité, & qui par le

MAIS me voici au moment de vous reveler les plus secrets mysteres du Pinde. Enfans du Genie, les Muses daignent vous admettre dans leur sanctuaire le plus sacré; Apollon vous y invite. Le Souverain des Dieux ayant accordé à l'homme amoureux des vers, d'être en commerce avec le Ciel, ne voulut point que cet Art tout divin fût exposé au vulgaire profane, indigne d'y atteindre. Et pour l'ecarter, il en retrécit la voie, & la rendit penible même pour le petit nombre de vrais Poëtes.

CAR ce n'est pas assez pour eux de remplir la mesure du vers, & de rendre les idées par les termes qui leur conviennent; il faut encore que le nombre & la cadence de chaque vers soient d'accord avec l'idée qu'il exprime; que les sons, que les mots, que le vers par sa forme propre, ait une ressemblance choix des sons plus ou moins forts ou foibles, eclatans ou sourds, brefs ou longs, doux ou durs, & par leurs assortimens & leurs rapports entre eux, forme une sorte de mélodie particuliere, qui exprime la chose dejà exprimée par les mots.

370 Nam diversa opus est veluti dare versibus ora.
Diversosque habitus, ne qualis primus, & alter,
Talis & inde alter, vultuque incedat eodem.
Hic melior motuque pedum, & pernicibus alis
Molle viam tacito lapsu per levia radit.
375 Ille autem membris ac mole ignavius ingens
Incedit tardo molimine subsidendo.
Ecce aliquis subit egregio pulcherrimus ore,
Cui laetum membris Venus omnibus afflat honorem
Contra alius rudis informes ostendit & artus,
380 Hirsutumque supercilium, ac caudam sinuosam,
Ingratus visu, sonitu illaetabilis ipso.

Nec verò hae sine lege datae, sine mente figurae,
Sed facies sua pro meritis, habitusque sonusque
Cunctis, cuique suus, vocum discrimine certo.
385 Ergo ubi jam nautae spumas salis aere ruentes
Incubuêre mari, videas spumare reductis
Convulsum remis, rostrisque tridentibus aequor.
Tunc longè sale saxa sonant, tunc & freta ventis

sensible

sensible avec les objets. Oui, chaque vers doit avoir son caractère propre; le second ne doit pas marcher comme le premier, ni le troisième comme le second. L'un est plus leste, plus agile, par la legereté de ses pieds; il semble voler, & raser la surface des ondes. Cet autre pesant & massif, appuie lourdement son pied, & semble s'arrêter à chaque pas. Celui-ci a le teint fleuri, l'air riant; Vénus a repandu sur lui toutes ses graces. Cet autre au contraire a des traits durs, rudes; il a des membres informes, un sourcil herissé, & une queue tortueuse : il ne faut que le voir ou l'entendre pour le haïr.

Ces loix & ces formes ne sont point sans raison. Chaque vers a droit à une difference qui le caracterise, quant aux sons & quant aux nombres, par le choix & l'arrangement de ses mots. Dès que les matelots se sont courbés sur les rames, vous voyez l'onde voler en ecume, & la proue tranchante sillonner le sein des mers. Bientôt les rochers frappés par les flots, fremissent au loin. Les eaux

Incipiunt agitata tumescere, littore fluctus
390 Illidunt rauco, atque refracta remurmurat unda
Ad scopulos, cumulo insequitur præruptus aquæ mons.
Nec mora, Trinacriam cernas procul intremere omnem
Funditùs, & montes concurrere montibus altos.
Cùm verò ex alto speculatus cærula Nereus
395 Leniit in morem stagni, placidæque paludis,
Labitur uncta vadis abies, natat uncta carina.

Hinc etiam solers mirabere sæpe legendo,
Sicubi Vulcanus sylvis incendia misit,
Aut agro, stipulas flamma crepitante cremari.
400 Nec minùs exultant latices, cùm tæda sonorè
Virgea suggeritur costis undantis aheni.
Carmine nec levi dicenda est scabra crepido.
Tum, si læta canunt, hilari quoque carmina vultu
Incedunt, lætumque sonant haud segnia verba,
405 Seu cùm vere novo rident prata humida, seu cùm
Panditur interea domus omnipotentis olympi.
Contrà autem sese tristes inamabile carmen

soulevées par les vents commencent à s'agiter; les vagues brisées contre le rivage, reviennent en mugissant; des montagnes d'eau s'accumulent, se roulent sur elles-mêmes, se choquent les unes contre les autres: la Sicile au loin s'emeut, & tremble jusqu'en ses fondemens. Mais Nerée jette un regard pacifique sur son Empire troublé: les ondes s'abbaissent, c'est la glace d'un tranquille & vaste marais; le sapin leger vole, & nage paisiblement sur les ondes.

Vous ne serez pas moins frappé de l'harmonie du vers, lorsque Vulcain a embrâsé les forêts, que les moissons en feu petillent, ou que l'onde d'un vaste bassin s'elève en bouillonnant, au milieu de la flamme bruyante qui l'enveloppe. On ne decrit point en vers doux les pointes herissées d'un rocher. Si les idées sont gaies, le vers sera leger, & les expressions riantes: c'est une verte prairie qui fleurit au printemps: ce sont les portes de l'Olympe qui s'ouvrent d'elles-mêmes. Au contraire les idées tristes se revêtent de couleurs tristes: c'est un oiseau funèbre qui

Induit in vultus, si fortè invisa volucris
Nocte sedens serùm canit importuna per umbras;
410 Ut quondam in bustis, aut culminibus desertis.

Verba etiam res exiguas angusta sequuntur,
Ingentesque juvant ingentia : cuncta gigantem
Vasta decent, vultus immanes, pectora lata,
Et magni membrorum artus, magna ossa, lacertique
415 Atque ideo, si quid geritur molimine magno,
Adde moram, & pariter tecum quoque verba labor
Segnia ; seu quando vi multâ gleba coactis
Æternùm frangenda bidentibus ; æquore seu cùm
Cornua velatarum obvertimus antennarum.
420 At mora si fuerit damno, properare jubebo.
Si se fortè cavâ extulerit mala vipera terrâ,
Tolle moras, cape saxa manu, cape robora pastor.
Ferte citi flammas, date tela, repellite pestem.
Ipse etiam versus ruat, in præcepsque feratur

---

²⁵ On reconnoît ici Entelle, dans l'Eneïde
la description du Lutteur Liv. V, vers 422. Tous

traîne son cri aigre & sinistre sur les tombeaux antiques, ou sur les ruines abandonnées.

LES PETITS OBJETS veulent des sons maigres & petits : les grands demandent des mots sonores & majestueux. Tout est grand dans un geant : il a une face large, une large poitrine, de grands membres, de grands os, de longs bras. Si quelque chose se fait avec des efforts penibles, que votre marche soit laborieuse ; que les mots paresseux arrivent avec peine ; c'est le laboureur qui brise avec effort de lourdes mottes, ou le matelot qui retourne d'un autre sens les antennes de son vaisseau. Mais si le moindre retard est dangereux, si une vipere mortelle a montré la tête ; vîte des pierres, des traits, du feu, des armes, pour repousser l'ennemi. Le vers tombe & se precipite, si c'est le voile de la

---

les autres vers imitatifs de Vida sont pareillement empruntés de Virgile, qui a possédé cette partie à un degré dont nul autre Poëte n'a approché, même chez les Grecs, si, du moins, nous en jugeons par notre oreille.

425 Immenso cùm præcipitans ruit Oceano nox,
Aut cùm perculsus graviter procumbit humi bos.

Cumque etiam requies rebus datur, ipsa quoque ultrò
Carmina paulisper cursu cessare videbis
In medio interrupta. Quierunt cùm freta ponti,
430 Postquam auræ posuére, quiescere protinus ipsum
Cernere erit, mediisque incœptis sistere versum.
Quid dicam, senior cùm telum imbelle sine ictu [26]
Invalidus jacit, & defectis viribus æger?
Nam quoque, tùm versus segni pariter pede languet
435 Sanguis hebet, frigent effœtæ in corpore vires.
Fortem autem juvenem deceat prorumpere in arces,
Evertisse domos, præfractaque quadrupedantum
Pectora pectoribus perrumpere, sternere turres
Ingentes, totoque ferum dare funera campo.

440 Nulla adeò vatum major prudentia, quàm se
Aut premere, aut rerum pro majestate canendo
Tollere. Nunc illos animum summittere cernas

nuit qui tombe, & s'etend sur le vaste Ocean; ou si c'est le bœuf asséné qui s'abbat sous le coup.

Si le Poete peint le repos, vous verrez le vers suspendu au milieu de sa course. Si la mer est calme, si les vents sont appaisés, le vers coule doucement, & s'arrête sans bruit. Un vieillard lance d'une main foible, un trait inutile; le vers languit, se traîne debilement; il n'a ni nerf, ni sang dans les veines. Le jeune guerrier s'elance par dessus les remparts, il renverse les maisons, rompt par son effort, les escadrons herissés de fer; il abbat les hautes tours, & couvre la terre de morts.

Le grand art des Poëtes est de savoir se tenir serrés, ou se developper selon les objets. Tantôt parlans à peine, leur expression est menue, deliée; ce n'est qu'un fil. Tantôt leur verve pleine, riche, surabondante, roule à

26 Le Poëte a en vue le trait que lance à Neoptoleme le vieux Priam dans le liv. 2. de l'En. v. 544.

Verborum parcos, humilique obrepere gressu,
Textaque vix gracili deducere carmina filo.
445 Nunc illos verbis opulentos, divite venâ
Cernere erit fluere, ac laxis decurrere habenis
Fluxosque, ingentesque. Redundat copia læta
Ubere felici, verborumque ingruit agmen
Hibernarum instar nivium, cùm Juppiter Alpes
450 Frigidus aëreas, atque alta cacumina vestit.
Interdum verò cohibent undantia lora.
Non humiles, non sublimes, media inter utrumque
Littus arant veluti spatia, & confinia radunt.
Sic demum portu læti conduntur in alto [27].

455 Quod superest, quæ postremò peragenda poëtæ,
Expediam. Postquam casus evaserit omnes,
Signaque perpetuum deduxit ad ultima carmen;
Exultans animo victor, lætusque laborum,
Non totam subitò præceps secura per urbem
460 Carmina vulgabit! Ah, ne sit gloria tanti,
Et dulcis famæ quondam malesuada cupido:

pleins bords. Ils se repandent, ils regorgent : les mots tombent avec abondance, comme les neiges de l'hiver qui couvrent en un moment la cîme des Alpes. D'autres fois ils soutiennent les rênes; ni trop simples, ni trop sublimes, ils voguent entre les deux rives, sans les toucher, & entrent avec joie dans le port.

Avant que de finir, il me reste un dernier conseil à donner aux Poëtes. Quand vous serez arrivé au bout de votre carriere, & que vous vous serez tiré heureusement de tous les dangers, ne vous hâtez point, quelque charmé que vous soyez de votre succès, de publier vos vers. Vous paieriez cherement une demarche precipitée, un desir trop empressé de la gloire. Donnez le temps au feu de la composition de s'eteindre peu-à-peu. Attendez que l'amour de pere soit devenu moins tendre, & que

27 Le Poëte designe dans ces douze vers les trois styles connus des Orateurs : le Simple, le Sublime ou elevé, & le Mediocre ou moyen, ou intermediaire, qui tient le milieu entre le style simple & le style sublime.

At patiens operum semper, metuensque pericli
Expectet, donec sedatâ mente calorem
Paulatim exuerit, fœtusque aboleric amorem
465 Ipse sui, curamque aliò traduxerit omnem.
Interea fidos adit haud securus amicos,
Utque velint inimicum animum, frontisque sever
Dura supercilia induere, & non parcere culpæ.
Hos iterum atque iterum rogat; admonitusque laten
470 Grates lætus agit vitii, & peccata fatetur
Sponte suâ, quamvis etiam damnetur iniquo
Judicio, & falsum queat ore refellere crimen.

Tum demum redit, & post longa oblivia per se
Incipit hîc illîc veterem explorare laborem.
475 Ecce autem ante oculos nova se fert undique imago
Longè alia heu facies rerum, mutataque ab illis
Carmina, quæ tantùm antè recens confecta placebar
Miratur tacitus, nec se cognoscit in illis
Immemor, atque operum piget, ac sese increpat ult
480 Tum retractat opus, commissa piacula doctâ
Palladis arte luens : nunc hæc, nunc rejicit illa

votre esprit ne soit plus si plein de ses idées. Dans cet intervalle, vous consulterez vos amis fideles. Vous les conjurerez de s'armer contre vous de la severité d'un Juge rigoureux, & de ne vous rien pardonner; & lorsqu'ils vous montreront quelques fautes cachées, vous aurez soin de les en remercier de bonne grace, de vous soumettre à tout, quand même la critique seroit peu juste, & que vous pourriez la refuter.

ENFIN, après l'avoir oublié long-temps, vous reviendrez à votre Ouvrage pour le juger vous-même. Mais, que dis-je! quel objet nouveau frappe vos regards? Ce n'est plus votre ouvrage, vous ne reconnoissez plus vos vers, ces vers si beaux, dont vous etiez enchanté; vous restez muet, interdit.... vous rougissez de vous-même, vous vous faites mille reproches. Il s'agit alors de reprendre votre travail, & de porter la peine de vos fautes. Vous effacez ceci, puis encore cela : vous vous defiez de tout, même de ce qui est le mieux, & vous le remplacez par quelque chose de mieux encore. Vous supprimez les

Omnia tuta timens, melioraque sufficit illis,
Attondetque comas stringens, sylvamque fluente
Luxuriemque minutatim depascit inanem
485 Exercens durum imperium, dum funditus omnem
Nocturnis instans operis, operisque diurnis
Versibus eluerit labem, & commissa piârit.
Arduus hic labor. Hîc autem durate poëtæ,
Gloria quos movet æternæ pulcherrima famæ.
490 Tum si qua est etiam pars imperfecta relicta,
Olim dum properat furor, ingeniique morari
Tempestas renuit, suppletque, & versibus affert
Invalidis miseratus opem, claudisque medetur.
Nec semel attrectare satis: verùm omne quotann
495 Terque quaterque opus evolvendum, verbaque ve
Æternùm immutanda coloribus: omne frequenti
Sæpè revisendum studio per singula carmen.
Quod non una dies, fors afferet altera, & ultro,
Nullo olim studio, nullâ olim in carmine curâ
500 Deprensæ per se prodentur tempore culpæ,
Quæque latent variæ densa inter nubila pestes.

longueurs ; vous coupez sans pitié ; vous elaguez cette forêt confuse & inutile; vous pincez çà & là le moindre feuillage qui déborde; enfin vous n'avez point de repos, ni jour, ni nuit, que vous n'ayez expié tous vos crimes, enlevé toutes les taches. C'est le travail le plus douloureux ; c'est là, Poëtes qui tendez à l'immortalité, c'est là que vous devez être armés de patience & de courage.

Ce sera en faisant cette revision, que vous acheverez les morceaux que vous aurez laissés imparfaits, dans ces accès de fureur où la verve ne peut s'arrêter. Vous soutiendrez un vers foible; vous redresserez un vers boiteux. Ce ne sera pas assez d'avoir revu une fois votre ouvrage : vous le reverrez trois ou quatre fois, d'année en année; vous changerez les expressions, les couleurs, les nuances : vous eplucherez les moindres parties. Ce que la fortune vous refusa hier, elle vous l'offre d'elle-même aujourd'hui. Ce que vous ne pouviez voir avec toute votre attention réunie, vous frappe aujourd'hui les yeux : le nuage s'est dissipé, & le defaut paroît.

Quin etiam doctum multum juvet ille laborem,
Qui varias cœli creber mutaverit oras.
Namque etiam mutant animi, genioque locorum
505 Diversas species, diversos pectora motus
Concipiunt, nostrisque novæ se mentibus offert
Ultro aliquid semper lucis, tenebræque recedunt,
Atque novos operi semper fas addere flores.
Verùm esto hîc etiam modus. Huic imponere curæ
510 Nescivere aliqui finem, medicasque secandis
Morbis abstinuisse manus, & parcere tandem
Immites, donec macie confectus, & æger
Aruit exhausto velut omni sanguine fœtus,
Nativumque decus posuit, dum plurima ubique
515 Deformat sectos artus inhonesta cicatrix.
Tuque ideo vitæ usque memor brevioris, ubi annos
Post aliquot (neque enim numerum, neque tempora
    pono [28]
Certa tibi) addideris decoris satis, atque nitoris,
Rumpe moras, opus ingentem dimitte per orbem
520 Perque manus, perque ora virûm permitte vagari

QUELQUEFOIS même il ne sera pas inutile de changer de lieu. Une autre position, un autre ciel nous donne d'autres idées, d'autres manieres d'être affectés, quelque vue nouvelle, les ténèbres se dissipent : on a le tact plus fin; on ajoute une fleur, un agrement.... Cependant il y a des bornes. On a vu des Auteurs qui ne pouvoient pas finir, qui ne pouvoient retenir leur main, ni s'empêcher de trancher, de couper, jusque-là que leur ouvrage amaigri, desseché, epuisé de sang & de suc, en perdoit sa beauté naturelle, & ne montroit partout que des plaies, ou des cicatrices qui le defiguroient. Songez que la vie est courte : & quand, après quelques années, (je n'en fixe pas le nombre) vous croirez avoir assez poli & repoli votre ouvrage, livrez-le au public sans plus attendre; qu'il passe dans toutes les mains, qu'il vole

[28] Horace a fixé le terme à neuf ans, *nonum servetur in annum*; mais c'est le nombre determiné, pour l'indeterminé. On sent la raison pourquoi Horace prend un terme si eloigné; c'est que souvent l'âge de composer n'est pas encore celui de juger. C'étoit le cas de l'aîné des Pisons.

Continuò læto te dulces undique amici
Gratantes plausu excipient, tua gloria cœlo
Succedet, nomenque tuum sinus ultimus orbis
Audiet, ac nullo diffusum abolebitur ævo.
525 Et dubitamus opes animo contemnere avari,
Nec potiùs sequimur dulces ante omnia Musas?

O FORTUNATI, quibus olim hæc numina dextra
Annuerint præcepta sequi, quæve ipse canendo
Jussa dedi plenus Phœbo, attonitusque furore.
530 Quando non artes satis ullæ, hominumque labores,
Et mea dicta parum prosint, ni desuper adsit
Auxilium, ac præsens favor omnipotentis olympi.
Ipse viam tantùm potui docuisse repertam
Aonas ad montes, longéque ostendere Musas
535 Plaudentes celsæ choreas in vertice rupis,
Quò me haud ire sinunt unquam fata invida, & usque
Absterrentque, arcentque procul, nec summa jugi unquam

de bouche

de bouche en bouche. Déjà vos amis empressés accourent de toutes parts, pour vous féliciter; votre gloire s'élève jusqu'au ciel: votre nom vole jusqu'aux extrêmités du monde, & ne s'oubliera jamais. Au milieu de tant d'honneurs, qui peut envier les tresors de l'avare! qui peut regretter d'avoir sacrifié aux Muses, & de s'être livré tout entier à leurs travaux!

J'AI ecrit ces precéptes, plein de l'esprit de Phébus: c'est lui-même qui me les a dictés; heureux celui à qui les Dieux favorables ont donné de les mettre en pratique. Car ni les conseils de l'art, ni les efforts humains, ni tout ce que je viens de dire, n'assure le succès, sans le secours & la faveur du ciel. J'ai indiqué la route qui conduit aux doctes monts. J'ai montré de loin les Muses, qui celèbrent des danses sur la cîme de leur rocher: c'est tout ce que je puis. Les Destins jaloux ne m'ont point permis d'en approcher moi-même: ils m'écartent, ils me repous-

Fas prensare manu fastigia. Sat mihi, si quem,
Si quem olim longè aspiciam mea fida secutum
540 Indicia exuperâsse viam, summoque receptum
Vertice, & hærentes socios juga ad alta vocantem.

Sed non nulla tamen nostri quoque gratia facti
Forsan erit. Me fida olim præcepta canentem
Stipabunt juvenes denso circum agmine fusi,
545 Et vocem excipient intenti sensibus omnes.
Tum vitæ si justa meæ procedere lustra
Fata sinent, nec me viridi succîderit ævo
Impia mors, olli, gelidâ tardante senectâ
Languentem, & serâ defessum ætate magistrum
550 Certatim, prensâ super alta cacumina dextrâ,
Sæpè trahent, ultroque ferent per amœna locorum.
Et summi invalidum sistent ad limina Phœbi
Cantantem Musas, vatumque inventa piorum.

Virgilii ante omnes, læti hîc super astra feremus
555 Carminibus patriis laudes: decus unde Latinum:
Unde mihi vires, animus mihi ducitur unde.

sent : ma main ne peut atteindre jusqueslà. Ce sera assez pour moi, si je vois de loin quelqu'un de mes Elèves y parvenir, & animer d'enhaut les efforts de ses compagnons arrêtés par les obstacles.

Peut-être toutefois qu'un jour, pour récompenser mes penibles travaux, une troupe de jeunes gens choisis, se presseront autour de moi, pour entendre mes leçons. Alors, si les Destins me permettent de remplir ma carriere, si la mort impitoyable ne vient point avant le temps couper la trame de mes jours, peut-être alors, quand mon vieux sang sera glacé dans mes veines, cette vive jeunesse, soutenant les pas chancelans de son Maître, se fera un plaisir de me conduire par la main sur ces monts fameux, dans ces lieux de délices, où je chanterai encore les dons des Muses, & les vers des Poëtes vertueux.

Nous y chanterons surtout la gloire du Poëte de Mantoue, qui lui-même est la gloire du nom Latin ; à qui je dois le peu que j'ai

Primus ut Aoniis Musas deduxerit oris
Argolicum resonans Romana per oppida carmen,
Ut juvenis Siculas sylvis inflârit avenas,
560 Utque idem Ausonios animi miseratus agrestes
Extulerit sacros ruris super æthera honores
Triptolemi invectus volucri per sydera curru;
Res demum ingressus Romanæ laudis ad arma
Excierit Latium omne, Phrygumque instruxerit ala
565 Verba Deo similis. Decus à te principe nostrum
Omne pater. Tibi Grajugenûm de gente trophæa
Suspendunt Itali vates, tua signa secuti.
Omnis in Elysiis unum te Græcia campis
Miraturque, auditque, ultro assurgitque canenti.
570 Te sine nil nobis pulchrum. Omnes ora Latini
In te, oculosque ferunt versi. Tua maxima virtus
Omnibus auxilio est. Tua libant carmina passim
Assidui, primis & te venerantur ab annis.
Nec tibi quis vatum certaverit. Omnia cedant
575 Secla, nec invideant primos tibi laudis honores.

de verve & de genie poëtique. Nous dirons que le premier, il fit entendre la douce harmonie des Muses dans les villes Romaines; lorsque, dans sa jeunesse, il enfla le chalumeau de Theocrite; lorsqu'ensuite, touché des travaux pénibles du Laboureur, il celèbra la gloire des champs, & s'eleva jusqu'au ciel sur le char de Triptolême; lorsqu'enfin, pour honorer le nom Romain, il appella aux armes tout le Latium, & rangea en bataille les escadrons Phrygiens. Ses paroles sont celles d'un Dieu. C'est à toi, Pere de nos Muses, que nous devons notre gloire. C'est par toi que les Poëtes d'Italie ont suspendu dans nos temples les trophées qu'ils ont remportés sur les Grecs. La Grece elle-même te regarde avec admiration, dans les champs Elysiens, & se leve par respect pour entendre tes vers. Sans toi rien n'est beau pour nous. Tous les Latins ont les yeux attachés sur toi. C'est ta sublime vertu qui nous soutient. Notre enfance te nomme avec venération, & se nourrit de tes leçons. Quel Poëte oseroit te disputer le prix ? Que tous les siecles se soumettent, & reconnoissent que les premiers honneurs te sont dûs.

Fortunate operum, tua præstans gloria famâ,
Quo quemquam aspirare nefas, sese extulit alis.
Nil adeo mortale sonas. Tibi captus amore
Ipse suos animos, sua munera lætus Apollo
580 Addidit, ac multâ præstantem insigniit arte.

Quodcumque hoc opis, atque artis, nostrique reper
Uni grata tibi debet præclara juventus
Quam docui, & rupis sacræ super ardua duxi,
Dum tua fida lego vestigia, te sequor unum
585 O decus Italiæ, lux ô clarissima vatum.

Te colimus: tibi serta damus, tibi thura, tibi aras,
Et tibi ritè sacrum semper dicemus honorem
Carminibus memores. Salve sanctissime vates.
Laudibus augeri tua gloria nil potis ultra,
590 Et nostræ nil vocis eget. Nos aspice præsens,
Pectoribusque tuos castis infunde calores
Adveniens, pater, atque animis tete insere nostris.

FINIS.

Heureux Genie ! ta renommée surpasse toute autre renommée. Ta voix n'a rien de mortel. Apollon lui-même epris de la beauté de ton esprit, t'a comblé encore de ses dons, & t'a donné sa science & son art. Tout ce que je prête de secours à la jeunesse, le peu que j'ai & d'art, & d'invention, la jeunesse que j'instruis te le doit ; j'ai marché sur tes traces, je n'ai suivi que toi. Reçois nos vœux & nos hommages, reçois notre encens & nos autels ; gloire de l'Italie ! gloire des Poëtes ! nous chanterons à jamais tes vertus. Je te salue, Poëte divin ! Poëte saint ! tu n'as plus besoin de nos suffrages, on ne peut rien ajouter à tes honneurs. Daignes arrêter sur nous tes regards favorables. Verse dans nous tes flammes vertueuses, ou plutôt viens toi-même habiter dans nos cœurs.

FIN.

ODINI ANNOTATIONES
IN M. HIER. VIDÆ LIBROS TRES POËTICORUM.

Lib. I.

VERS. 1. *Sit fas vestra mihi*] Hoc exordium culpat in Hypercritico, sive Poëtices libro VI, Julius Cæsar Scaliger his verbis: *Græci cùm in exordiis poëmatum simul & proponerent, & invocarent; consultiùs nostri (Latini) eas partes ita segregavere, ut opus suum primo loco profiterentur, deinde auxilium ad exequendum implorarent. Id quod, cùm in unum jam vel maximè observandum artis hujus præceptum, ac legem potiùs transierit; mirum quibus artibus se tueri possit hic, qui in ipso artis vestibulo utrumque confudit.* Potuisset Vida, ut quidem arbitror, facili negotio tueri sese. Quid enim ? juvenes in Parnassi deducturus adyta, veniam à Musis petit, quod ingenuum est, atque ex decori legibus. Ita Virgilius arcana Erebi vulgaturus, præfatur, Æneid. VI. 264.

Dii, quibus imperium est animarum, . . .
Sit mihi fas audita loqui; sit numine vestro
Pandere res altâ terrâ & caligine mersas.

In librorum exordiis deflexit quidem à Græcorum more Virgilius, & propositionem sejunxit ab invocatione; an continuò nefas est imitari eum, qui, judice Horatio, *Poëtic.* 140, *nil molitur ineptè*, & Odysseam ita orditur :

Dic mihi, Musa, virum. . . .

V. 7. *Pulchræ laudis succensus amore*] Malim *raræ*, quàm *pulchræ*, inquit J. C. Scaliger. At opinor assensuros esse paucos : non enim raritas, sed pulchritudo allicit ad amandum.

V. 8. *Ausit inaccessæ mecum se credere rupi*] Reprehendit hoc quoque Scaliger his verbis : *Neque placet is, qui juvenum animos à labore alienos, priùs deterruerit quàm illexerit, propositâ operâ adeundæ rupis, quæ inaccessa est.* Respondet Franciscus Aristus in *Cremona Litterata*, tom. II. pag. 106, dici rupem *inaccessam*, ad quam juvenes illi nondum accesserunt. Si non probatur ista explicatio; age, Vida juvenes in rupem vocet asperam, præruptam, accessu difficilem: an *amore laudis* inflammatos semel animos terret labor, aut difficultatis species?

V. 12. *Debita sceptra*] Hominem vidi olim bene litteratum, cujus aures mirum in modum offendebat is numerus, in quo syllabam brevem sequuntur mutæ duæ, *sc, sp, st*, ut in his: *mœnia scandebant: Debita sceptra: multa sciebat: magna spondit: corda stupent.* Cùm objicerent nonnulli Virgilianum illud, Æn. XI. 309.

Ponite: spes sibi quisque...

reponebat, hîc asperitatem esse nullam; interposito enim commate impediri cursum odiosum.

V. 13. *Cùm firma annis accesserit ætas*] Is

Franciscus Delphinus, quem alloquitur Vida, sceptro potitus est nunquam; properatâ morte præreptus die 12 Augusti 1536, patre superstite.

V. 14. *Dulces*] Non explet aures, inquit Scaliger, clausura illius versûs : *Languet enim hoc loco epithetum illud.* At credo non defuturos, qui sentiant, in illo epitheto affectum inesse singularem, eaque de causa illud esse in extrema parte versûs aptè collocatum.

V. 15. *Raptum*] Censet Scaliger illud non rectè dictum ; *onerat namque,* ut ait, *invidiâ divinum virum patrem, pro cujus assertione* filius *datus fuit obses...* Quæ tamen hæc invidia est? An satius erat, regem manere captivum, regno procul & gerendis rebus, quàm obsidem dari puerum nondum decennem, mox redimendum? Venerat in lucem Franciscus hic Delphinus die 28 Febr. 1518.

V. 16. *Hispanis sors impia detinet oris*] Franciscus rex anno 1525, in Ticini obsidione captus ab Hispanis, Matritum in Hispaniam mittitur ad Carolum V, à quo parum honestis conditionibus sequenti anno dimittitur, regiis liberis (Francisco & Henrico) obsidibus datis. Qui anno 1529, æquioribus legibus sancitâ pace vicies centenis aureorum millibus redempti sunt. Hæc Dionysius Petavius in Rationario, quæ fusiùs narrant scriptores rerum eo tempore gestarum.

V. 19. *Parce tamen, puer ô, lacrymis*] Quare *dejicit ejus animum, quem nos semper,* inquit Scaliger, *excelsum agnovimus & judicavimus? volens namque atque etiam libens pro patris libertate subiit illius fortunæ vices. Quin si flevisset, poëta intererat affectum illum puerilem aut silentio aut verbis tegere.* Respondebat quispiam : An ergo regum filii lugere non possunt, ne in puerili quidem ætate ? An Delphinum dedecebat fletus in tanta calamitate & patris, & regni ? Ne persuadeatur viris nobilibus, oportere ipsos esse ferreos, in quibus nihil sanguinis sit, nihil indolis ; qui honestè lacrymari non possint, nisi cùm fabulas spectant, & audiunt histriones.

V. 27. *Jamque adeò in primis ne te*] Didascalici carminis videtur id proprium esse, quamvis à pluribus non servatum, ut aliquis sit, quem alloquatur poëta; utì Hesiodus fratrem suum Persen, Lucretius Memmium, Virgilius Mæcenatem, Ovidius in Fastis Germanicum, Oppianus Antoninum Caracallam, &c.

V. 32. *Versibus unde etiam nomen fecere*] Versus illi, quorum est usus in canendis heroum rebus gestis, dicti sunt heroïci. Aliis in argumentis hexametri dicuntur. Virgilius hexametris Bucolica & Georgica composuit; Æneïdem heroïcis. Hos ab illis discernit non pedum ratio, ac mensura; iisdem enim utrique incedunt; sed majestas styli, & caracteris excelsitas: non quærenda, vel in hydrope Lucani, vel in Statii strepitu, sed in Virgilii sanitate.

Res gestæ regumque ducumque, & tristia bella
Quo scribi possint numero monstravit Homerus.

inquiebat Horatius, Art. poët. 73. At ut Æneis apparuit, simul est acclamatum:

Nescio quid majus nascitur Iliade.
Propert. lib. 2. Eleg. XXXIV. 66.

V. 52. *Nec jussa canas, nisi fortè coactus Magnorum imperio regum*] Hoc sanè ad Francisci regis filium non pertinet. Quis enim regum, quamlibet magnorum, imperaret Franciæ Delphino opus poëticum? In carmine didascalico non omnes ad eum præceptiones spectant, quem poëta in operis exorsu alloquitur.

V. 64. *Proque videnda*] Et providenda, Lucret. VI. 1260. *Proque voluta*, provolutaque, Virgil. Æn. IX. 288. *Inque salutatam*, & insalutatam, X. 794. *Inqueligatus*, illigatusque. Tmesis.

V. 65. *Quorum vatum indiget usus*] Hoc si notasset Scaliger, non defenderem; est enim durum & tenebricosum. Quanquam tralucet sensus: Quorum indiget usus vatum; quibus indigent poëtæ.

V. 68. ——————— *Quæ forsitan ultro, Si semel exciderint, numquam revocata redi-*

bunt] Si *ultro* intelligatur usitato sensu, ita ut sit idem ac *sponte*, illud *forsitan* erit extra rem & rationem. Certum est enim, neque dubium, quòd, *si redirent revocata*, nunquam redirent *ultro* & sponte. Qui vocatus venit, non venit *ultro*; irrevocatus redit, qui redit *ultro* per se, sponte. Illa itaque duo, *revocata*, & *ultro* nequeunt simul consistere. Aptam solvendi nodi viam monstrat Servius, qui Æneid. V. 55, animadvertit, *ultro* idem esse aliquando ac *ultra, amplius*. Hoc ergo vult Vida: Sæpe nobis alia cogitantibus quædam in mentem veniunt, quæ si semel exciderint, forsitan, quamvis postea revocemus, nunquam ultra, nunquam amplius redibunt. Posset etiam quispiam sic interpungere: *Quæ forsitan, ultro Si semel exciderint, nunquam....* & in hunc modum explanare: Quæ, si semel exciderint sponte nostrâ, nobis non retinentibus, nunquam fortasse offerent se, quamvis revocemus deinceps, & requiramus. Ea de causa Quintilianus x. 3. vult oratori scribenti adesse codicem, in quo notentur quæ scribentibus solent extra ordinem occurrere. Irrumpunt enim, inquit, optimi nonnunquam sensus, quos neque inserere oportet (operi quod est in manibus) neque differre tutum est, quia interim elabuntur: ideòque optimè sunt in deposito.

V. 75. *Quin etiam priùs effigiem*] Id fecisse Virgilius dicebatur. In ejus vita scripsit Cl. Tib. Donatus: *Æneïda prosâ priùs oratione formare, digestamque in duodecim libros, particulatim componere instituit, ut quidam tradunt.*

V. 124. *Linguam teneris assuescat utramque Auribus*] Linguæ utrique, Græcæ ac Latinæ assuefaciat aures suas & sese. Sic Virgilius Æneid. VI. 832, *Ne tanta animis assuescite bella*. Ne assuefacite animos tantis bellis.

V. 126. *Nostro Ænea jam conferet igneis Æaciden flagrantem animis, Ithacumque vagantem*] Homerum conferet cum Virgilio: comparabit Æneïdem nostri poëtæ Latini cum Græci Iliade, quâ canitur Achillis ira,

igneusque

igneusque animi ardor, & Odyssea, quæ describit cursus & errores Ulyssis Ithacam patriam repetentis post Trojæ excidium.

V. 136. *Hinc pectore numen Accipiunt vates*] Ovid.

Adjice Mæoniden, à quo, ceu fonte perenni
  Vatum Pieriis ora rigantur aquis.

Numen appellat Vida incitationem mentis, & spiritum, ad opera quælibet, maximè verò ad poëtica necessarium. Verè Martialis VI. 60.

  Victurus genium debet habere liber.

Quem genium conciliabit sibi scriptor, non vocandis Musis, sed versandis bonis exemplaribus, hoc est præstantium auctorum monumentis, in quibus exemplar sit bene sentiendi & loquendi. Quantùm poëtæ referat suum locupletare ingenium Homericâ copiâ, nemo vidit meliùs, aut splendidiùs monstravit, quàm Virgilius. Hîc aliqua sunt restrictè dicta, quæ fusiùs explicata legi poterunt in Dissertatione Petri Petiti *de Furore Poëtico*. Quod argumentum (dicam in transitu).

Partie III. O

miror à nemine hactenus fuisse tractatum carmine didascalico.

V. 143. *Inachiæ.... linguæ*] Argivæ, Græcæ. Argis primus regnavit Inachus; de quo Mythologi, & scriptores historiæ veteris.

V. 151. *Artisque Pelasga Indociles*] Artem Pelasgam, sive Græcam Virgilius commemorat aliam Æneïd. II. 106. Hîc Vida intelligit poëtandi artem, quâ florebant Græci, & Latini tum carebant. *Indociles*, hoc est indocti, ut explicat Servius, Æneïd. VIII, 321.

V. 154. *Tunc omne sonabat Arbustum fremitu sylvaï frondosaï*] Scripsit Ennius in VI, Annali, quod refert Macrobius Sat. VI. 2.

Pinus proceras pervertunt. Omne sonabat Arbustum fremitu sylvaï frondosaï.

Unde laciniam Vida scitè decerpsit, rei suæ accommodatissimam. Potest hoc esse exemplum ingeniosæ ac venustæ admodum parodiæ. Hieronymus Columna, *Commentar. in*

Fragmenta Ennii, animadvertit scribendum esse *frundosaï*, quoniam ita scribebant illi veteres, *fruns, frundes, frundosus, frundifera.*

V. 155. *Rudi pater Ennius ore.*] Horatius lib. 1. Epist. xix. 7. *Ennius ipse pater.* Ut Homerus poëtarum omnium, sic pater Latinorum est Ennius.

Rudi ore : stylo impolito, versibus incompositis. Ovidius, Trist. ii. 424,

Ennius ingenio maximus, arte rudis.

Nec mirum quidem, inquit Hieronymus Columna in vita Ennii, si Ovidius poëtæ artem, in qua ipse non admodum excelluit, in Ennio non deprehendit, cùm tantummodo naturali quâdam dicendi facilitate ac fertilitate valuerit. Criticus hic artem dicit, quæ poëtarum est maximè propria, & res non tantùm explicat verbis, sed literarum etiam syllabarumque vel asperitate, vel levore, & numerorum vel tarditate, vel celeritate exprimit. Ad quam observationem eos natura format, quos poëtas esse vult, non meros versuum artifices.

V. 156. *Qui mox Graio de vertice primus*] Lucret. 1. 118. *Ennius ut noster cecinit, qui primus amœno Detulit ex Helicone perenni frunde coronam.* Ex hoc Lucretii videtur fluxisse, quòd Latinos Vida sæpe appellat *nostros*.

V. 180. *Hic namque ingenio confisus, posthabet artem*] *Hic* Ovidius est: nimiùm amator ingenii sui, inquit Quintilianus x. 1. Ovidium amant impensè qui eodem ægrotant morbo.

V. 181. *Ille furit strepitu*] Strepit furenter. Designatur Statius; quem tamen multi proponere sibi ad imitandum malunt, quàm Virgilium. Sed nimirùm pueros delectat strepitus.

V. 263. *Serius*] Est is in agro Cremonensi amnis, sæpe à Vida memoratus in carminibus, & in libro primo *de dignitate reipublicæ*, ubi hæc sunt: *Expectabam, si unquam... in Sambassianum meum ab arbitris remotum me recepissem ad amœnissimas Serii saluberrimi* *amnis ripas, avita prædiola præterfluentis, quibus nil æstivis mensibus opacius, nihil alsius inveniri potest.*

V. 346. *Comitum cœtu se subtrahet*] Est in hanc rem lepida C. Plinii Cæcilii Secundi Epistola 1. 6, quæ hâc sententiâ clauditur: *Experieris non Dianam magis montibus, quàm Minervam inerrare.*

V. 407. *Secus*]. Si aliter faciat, & explorare velit omnia. *Toto vagus exulet orbe.* Eveniet, ut vitam agat exul à patria, per orbem vagus & peregrinator. Verbum subjunctivi modi, nullo præcedente alio verbo adhiberi non potest, nisi per ellipsin; ut ostendit Jacobus Perizonius in Francisci Sanctii Minervam, lib. 1. cap. 13. Hic ergo *exulet* perinde est ac eveniet ut exulet.

V. 459. *Longas....Iliadas*]. Poëmata longiora, ut est Ilias Homeri, atque alia ejus generis. In veteri est proverbio Ilias ad significandam longitudinem operis, & rerum multitudinem. Cicero ad Attic. lib. VIII. epist. 11. *Tanta malorum impendet Ilias.*

V. 463. *Fulmineus mus*] Designatur Homeri Batrachomyomachia. Statius præfat. in librum primum Sylvarum: *Culicem legimus, & Batrachomyomachiam etiam agnoscimus, nec quisquam est illustrium poëtarum, qui non aliquid operibus suis stylo remissiore præluserit.*

V. 488. *Procul urbis.... fugiat strepitus*] Horat. lib. 2. Epist. 11. 77. *Scriptorum chorus omnis amat nemus, & fugit urbes.* Narrat Plutarchus, lib. *de Curiositate*, solitos fuisse antiquos ædificare musea longissimè ab urbibus.

V. 523. *Magnique argutos ætheris orbes*] Dicit *argutos*, hoc est sonoros, quoniam ex Pythagorica doctrina, *impulsu & motu cœlestium orbium efficitur dulcis sonus,* ut refert Cicero, Somn. Scipion. cap. 5.

V. 529. *Caucaseo sævas det vertice pœnas*] Hesiodus in Theogonia, 520.

ANNOTATIONES.

V. 534. *Dodonæ*] De Jovis Dodonæi templo, & oraculo, Pausanias lib. VIII.

V. 536. *Insonuit Themis alma*] De Phocico, sive Delphico Themidis, posteaque Apollinis templo atque oraculo, Apollodorus lib. I. Ovidius Metamorph. I. 369. Pausanias lib. IX.

V. 538. *Antiquis Faunus*] Virg. Æn. VII. 81. Servius.

V. 539. *Sibyllæ*] Quo tempore scribebat Vida, erat honestum adhuc Sibyllarum nomen, & sacrosancta propemodum auctoritas; quæ nunc jacent.

V. 551. *Pecudesque feræ, mutæque natantes*] Horat. Art. poët. 393. De piscibus Ælianus, Hist. Anim. l. XII. c. 45. Oppianus Halieut. l. V. vers. 451. Nota est Arionis vel fabula vel historia, quam ex Herodoto l. I. c. 24. narrat Aul. Gellius, l. XVI. cap. 19. Ait Plinius, H. N. lib. IX. sect. 8. *Delphinus* non homini tantùm amicum animal, verùm & musicæ arti, mulcetur symphoniæ cantu.

V. 553. *Sylvasque trahunt*]. Virgil. Eclog. III. 46. Horat. lib. I. Od. XII. 7.

V. 554. *Tartara, & umbræ*]. Virgil. Georg. IV. 481. Horat. lib. III. Od. XI. 15.

Lib. II.

Vers. 1. *Pergite, Pierides...*] Vidæ propositum fuit, poëtam *teneris ab annis educere, & in vertice* Parnassi *sistere* : hoc est, docere quæ sit via puerum informandi primoribus literis; & juvenem instruere præceptis ad poëtica efficienda opera necessariis. Primum illud confecit libro superiore : hoc alterum in eos, qui sequuntur, duos reservavit.

Finitimus est oratori poëta, inquit Cicero, *Orat.* 1. 16. Uterque in orationis cultu elaborat; alter, ut persuadeat, alter, ut voluptatem paret liberalibus ingeniis consentientem. Oratoris officium est invenire argumenta, quæ ad illum conducant finem persuadendi; inventa ordine apto collocare; idoneis denique sententiis ac verbis convestire: ita Poëtæ cùm data vel oblata est materia, quam tractet carmine, ejus est munus excogitare aliqua, quæ in eam immissa materiem, aptâ coagmentatione, & styli luminibus adjunctis, opus efficiant ejus formæ, in cujus contemplatione elegantium ingeniorum admiratio acquiescat. Officium ergo, quemadmodum Oratoris scribentis, sic Poëtæ est triplex: invenire, disponere, eloqui. Præcepta elocutionis complectitur liber tertius; in hoc secundo illa sunt, quæ ad inventionem pertinent & dispositionem.

Jam Inventio, quâ de agitur, non rem spectat, aut personam, quæ argumentum præbet, & titulum poëmatis. Achilles iratus secedens ab exercitu, Ulysses in patriam rediens, Æneæ adventus in Italiam, Segetes, Horti, Apes, Columbæ, Aurum, Stagna, Pluteus, &c. sumuntur ista è medio, & sumpturos exspectant. Sumat quisque quod suis sit aptum viribus, & ferre valeant humeri;

agrum optet, cui sufficiat colendo. Itaque poëmatis fundum non suppeditat Inventio; sed locupletat, perficit, exornat, eique monumentum inædificat mirandi operis. Causam pro Milone agendam non dedit Ciceroni oratoria Inventio, sed illam, quâ viget Ciceroniana splendescitque oratio, argumentorum copiam, & varietatem ornamentorum. Æneæ in Italiam adventum Virgilio suppeditavit vel historia, vel fabula:

Arma virumque cano, Troja qui primus ab oris
Italiam fato profugus, Lavinaque venit
Littora; multùm ille & terris jactatus, & alto.

En fundum poëticæ Inventioni non obnoxium. Quidquid præterea totos implet libros duodecim, à poëtica Inventione est.

V. 11. *Namque mihi reperir eapta, atque reperta docendum Digerere, atque suo quaque ordine rite locare*] En libri hujus propositio & materia, idoneè breviterque monstrata.

V. 13. *Durus uterque labor*] An ergo *labor* nullus est, aut non *durus*, in accommodatione verborum ac numerorum ad res exprimendas? Si quis ita interroget ; est quod respondeam. Horatium si audimus, *Art. Poët.* 311, cautio sumendi materiam non majorem viribus, & eam bene cognoscendi laborem vix relinquit in elocutione, ac dispositione :

Cui lecta potenter erit res,
Nec facundia deseret hunc, nec lucidus ordo,
Verbaque provisam rem non invita sequentur.

Ibid. *Sed quos deus aspicit æquus*] Ii, quibus favet Apollo ; quos ad poëticam laudem formavit *Genius, naturæ deus humanæ*, ut ait Horatius lib. II. Epist II. 188.

V. 14. *Sæpe suis subitò invenient accommoda votis*] Huc illud conferri potest, quod monuit Virgilius, *Georg.* II. 49, *Quippe solo natura subest....* Qui ad poëticam sunt laudem nati, & habent genium, in his non tantùm cogitandi facultas inest ; sed etiam fœcunditas excogitandi ; hoc est fingendi creandique speciosas rerum imagines, quas amat Poësis, sine quibus ipsa nulla est.

V. 15. *Altera nempe Arti tantùm est obnoxia cura*] Arti obnoxia non est inveniendi cura, sive inventio poëtica, sed sola dispositio. Non enim artis est, sed naturæ atque genii fingere, ac procreare materiem. Ars procreatam accipit. Purpuram, crocum, cerusam, colores alios natura tradit arti : pictura miscet, ac temperat. Marmor terra sufficit : Statuaria partes deradit multas, donec figura, quam in marmore, & qualem quærit, appareat.

V. 22. *Quos ores autem non magni denique refert*] Ergone dicturus *Bella, horrida bella*, implorabo Pacem, & cum Lucretio dicam ?
Te sociam cupio scribundis versibus esse,
Quos ego de furiis Gradivi pangere conor.
Factum, opinor, Vida non probaret ; & hoc vult tantùm, præter Musas atque Apollinem, invocari posse alios ; quemadmodum Aratus in Phænomenis compellavit Jovem : Virgilius in Georgicis præsides rerum rusticarum... Etsi autem in his errare jam potest nemo, & poëtæ, qui Musas, Phœbumve patrem implorârit, violatæ religionis inferre crimen ; nihilo-

minùs videndum est etiam atque etiam, quid ferat ratio, & lex decôri præscribat; nève, quod in Sannazario jure est improbatum, argumenti sanctitatem violet mistura profanæ fabulositatis. Si non præceptum Vida, exemplum dedit certè. Musas in Poëticorum libris his, Nymphas in Bombicibus inque Scacchia invocavit: at in Christiade ad opem confugit divini Spiritûs.

V. 24. *Jovis*] Profana vox, at sano intelligenda sensu. Porrò non sic poëtarum est propria in operum principiis invocatio, ut ab oratoribus adhibita non fuerit. Demosthenes orationis de Corona exordium à precatione duxit. Plinius in Panegyrico: *Bene ac sapienter, P. C. majores instituerunt, ut rerum agendarum, ita dicendi initium à precationibus capere; quòd nihil ritè, nihilque providenter homines sine deorum immortalium ope, consilio, honore auspicarentur.* Hujus verò moris curnam fuerunt poëtæ tenaciores, quàm alii? Nimirum id fecerunt veteres, sibi ut assererent venerationem ex divino afflatu, commercio cum immortalibus, utque verisimilitudinem suis narrationibus conciliarent; in quibus pleraque sunt communem extra notitiam, & ultra credulitatis modum posita. Noluerunt successores ab antiquorum exemplo recedere: ita factum, ut Invocatio pars sit necessaria poëmatis.

V. 26. *Nec sat opem implorare semel*] Virg. Georg. IV. 315, Aristæi fabulam exorsurus invocat, *Quis deus hanc, Musa, quis nobis extulit artem?* Idem novam instituit invocationem, Æn. VII. 41, *Tu vatem, tu, diva, mone.* XI. 525, *Vos, ô Calliope, precor, aspirate canenti* X. 163, *Pandite nunc Helicona, deæ.* ...

V. 30. *Incipiens*] Refert se Vida ad præcepta de Propositione: quibus si illa interseruit quæ ad invocationem pertinent, id videtur fecisse quoniam hæc Propositioni præmittitur aliquando, aliquando subjicitur, aliquando conjungitur.

V. 31. *Nil tumidus*] In exordiis, inquit Quintilianus, IV. 1, *vitandum, ne contume-*

liosi, maligni, superbi, videamur. Proœmium decebit sententiarum & compositionis modestia. Quem enim non offendat atque à legendo deterreat Statii tumor in Achilleïde ? ne alios commemorem.

V. 40. *Nomine nunquam Prodere conveniet manifesto*] Poëma vel Epici est generis, vel Didascalici. Hoc in explicatione rei cujuspiam, vel cognoscendæ, vel efficiendæ versatur; illud in rerum gestarum narratione. Neutri video posse accommodari universè id, quod Vida præcipit; si lubeat veterum insistere vestigiis. Aratus certè in exordio Phœnomenôn, Musas vocat ad canenda sidera; Lucretius se profitetur versus pangere de rerum Natura: Virgilius, *Quid faciat lætas segetes.* In Epico genere, si Odysseæ propositio non habet Ulyssis nomen, sed

Dic mihi musa virum, qui terris multus, & alto
Erravit, sacræ post eruta mœnia Trojæ ;

at in Iliados proœmio Achilles non opertis significatur indiciis, verùm manifesto nomine proditur,

Dic, Dea, Pelidæ furias & pectus Achillis.

Lubet quærere tantisper, quid hoc sit rei, curnam aliter cum Achille actum, aliter cum Ulysse. Geminam præmitto cautionem, ut pergam ordine legitimo.

1. Qui Ulysses Latinis, idem Græcis Odysseus; & Odyssea dici posset Ulyssea, vel Ulysseis.

2. Ilias, Odyssea non sunt substantiva nomina, sed adjectiva. Hæc inscriptio, *Homeri Ilias*, habet ellipsin. Integra est: *Homeri Poësis Ilias:* Fabula Iliaca, de rebus ad Ilium gestis. *Homeri Odyssea*, est Homeri poësis Ulyssea, sive de rebus ab Ulysse gestis. Ejusmodi ellipses in titulos induxit brevitatis studium. Sic Ciceronis *Cluentiana*, *Maniliana*, est defensio Cluentii; suasio legis Maniliæ. Hæc arbitror datum iri ab omnibus, qui latinè norint. Jam ad rem.

Odysseæ titulus & inscriptio habet Ulyssis nomen. Necesse ergo non fuit poni ipsum in propositione operis. Sed cùm inscriptio promittat universè fabulam, seu poësim, quæ ab Ulysse argumentum sumat, opus fuit

fuit explicari, quam Ulyssis actionem, & quam vitæ partem poëta scribendam susceperit. Id præstat propositio, quæ quod latet in tituli contractione, distinctiùs exponit ; nempe res cantari Ulyssis, non bellantis ad Trojam, sed in patriam redeuntis.

Inscriptio Iliados non habet Achillis nomen; idcirco in propositione est expressum. Titulus poësin promittit Iliensem, id est, fabulam, cujus argumentum sit petitum ex rebus ad Ilium gestis : propositio definit velle poëtam canere Achillis iram & rixam cum Agamemnone.

Quod dixi de Odyssea, dici hoc ipsum de Virgiliana potest Æneïde. Nam hæc vox adjectiva est pariter; (masculini generis est *Æneïdes*, feminini *Æneis*) titulus ellipsin habet quoque, & poësin promittit de rebus Æneæ. Hic autem Trojani belli tempore multa fortiter & præclarè gesserat, & post Trojæ excidium, in Italiam deduxerat Trojanorum coloniam : titulum circumscribit propositio, arctatque ad res Æneæ post bellum Trojanum, quo tempore sedem in Italia dedit Trojanis. En quod exploratum volebam,

Partie III. P

cur in poëmatis propositione sit aliquandò heroïs nomen, aliquando non sit.

Itaque poësis Ilias, poësis Odyssea, poësis Æneïa, vel Æneïs, perinde dicitur, ut nostri proavi dicebant : *le Roman de Troie la grande : le Roman d'Achilles prince Gregeois : le Roman d'Æneas de Troie : le Roman du Roi Ulysse & de la Princesse Nausicaa.*

V. 51. *Ergo age*] Descendit Vida ad præcepta Narrationis. Narratio in epico genere, de quo agitur maximè, corpus ipsum poëmatis conficit : est enim poëma, Actionis magnæ, admirabilis, heroïcæ ad verisimilitudinem composita narratio. In didascalico genere id præstat rei propositæ tractatio poëticâ oratione. Quod quid sit, certiùs ac meliùs docebunt Georgica Virgilii, aut *Pulvis Pyrius* Francisci Tarillonis, aut Vidæ hæc opera, quàm ulla præceptorum coacervatio.

V. 58. *Atque per ambages*] *Non enim res gestæ versibus comprehendendæ sunt, quod longè meliùs historici faciunt ; sed per ambages, deorumque ministeria, & fabulosum sententia-*

rum tormentum præcipitandus est liber spiritus, ut monet auctor carminis de Bello civili. Historicus à veritate non recedit; poëta sequitur admirabilitatem; resque narrat, non uti evenerunt, sed quemadmodum evenire potuissent, intervenientibus diis, atque operam conferentibus. *Fabulosum* porrò *sententiarum* illud *tormentum* quid est? Fictionum tortus, obliquationes, circuitus. Nam, ut ait, Lactantius, 1. 11, *officium poëtæ in eo est, ut ea, quæ verè gesta sunt, in aliquas species obliquis figurationibus cum decore aliquo conversa traducat*. Feret Lector remitti se ad ingeniosam, & critico sale conditam * Diatriben hominis bene litterati Caroli Batteussii, quæ Gallico sermone non ita pridem conscripta est. Adnotabo unum hoc dumtaxat: in poëmate didascalico locum non esse *fabuloso* illi *sententiarum tormento*, & numinum interventui, præter quàm ad metamorphoses. Reservantur hi actores heroïco poëmati. Adhibeatur Vulcanus, si sunt *arma*

---

* *Operis titulus*: Les beaux Arts réduits à un même principe. *Vide Part*. III. *Sect*. I cap. 4.

acri facienda viro : sed ne incudem fatiget aut folles, ad stivam Tityro alicui, aut Menalcæ fabricandam falcem. At sunt, qui magnos fore se poëtas opinentur, si tot fabulis breve aliquot didascalicum poëma farciant, totque fulciant machinis, quot in tota sunt Iliade. Quis furor, quæ mala mens transversos agit poëtas, ne velint ducem habere Virgilium? Minùs est, inquiunt, ingeniosus. Foret ergo ingeniosus, si arationis tradentem præcepta Cererem induceret, & Aristeum, mellificii : si aratri monstrasset originem in aliqua metamorphosi : si ad parandos vomeres, rastros, crates, vannos usus esset Cyclopum manibus, Sylvanorum, Nympharum, poësinque didascalicam, cujus tota vis est in præceptionibus, traduxisset ad fabulosas narrationes. Id fecisset sanè, si, quod nesciebat, scisset ineptire.

V. 74. *Ilii.... excidium*] Narrationem Trojani excidii, cui causam dedit judicium Paridis. Æn. 1. 31. Horat. Lib. 1. Ode xv.

V. 77. *Hectore duro*] Hectore per Achillis

absentiam, Græcos duriter reprimente. *Dum Priami domus pugnaces Achivos Hectoreis opibus refregit.* Horat. Lib. 3. Od. III. 27.

V. 79. *Graves iras de virgine rapta*] Iliad. I. Neminem fore arbitror, qui non hæc malit legendis Homeri carminibus, quàm jejunis ex annotationibus cognoscere.

V. 91. *Sed jam tum Ogygiam delatum*] Odyss. I. Hoc egit Vida, ut ad cognoscendos poëticæ artis principes excitaret juvenum studia; ab instituto nolim discedere.

V. 108. *Hoc studium*] Legendi operam & studium ægrè & inviti dimittimus.

V. 109. *Nonne vides, ut sæpe aliquis*] Exempla, quæ proferuntur, petita sunt ex Iliados Lib. III. & Odyss. XXI. Viget Homerus incredibili ubertate ingenii ac linguæ; mirus fingendi artifex ac narrandi; ipso Apolline magis Apollo: at non semper scit tenere modum; videtur non raro artem ostentare, ac velle experiri, quantùm in suspendendis tenendisque animis possit. Hoc est quod notat hoc loco Vida. Faciet operæ pretium, qui leget Renati Rapini librum de comparatione Homeri & Virgilii. Hic, Virgilium dico, solus sciit tenere modum.

V. 129. *Hinc.*] Quoniam docet ratio, sic esse inflammanda lectorum studia, tenendosque animos, Virgilius multos inducit, qui res eventuras indicent: quod fecit etiam Homerus.

V. 189. *Multa tamen Graia fert indulgentia linguæ*] Multa indulgent sibi poëtæ Græci. Quippe ut vetustiores Latinis, ita minùs remoti ab incultu illo, quem natura non refugit.

V. 190. *Nostros.... graviora sequentes*] Vida *nostros* cùm dicit, non Italos designat scriptores, sed Latinos: utì jam est animadversum. Hîc videtur respexisse, quod scripsit Martialis, Lib. 9. Epigr. XII. 16.

Nobis non licet esse tam disertis,
Qui Musas colimus severiores.

In scribendo enim Græci veteres naturæ obsequebantur unicè ; Latini positis ab arte legibus adigebantur.

V. 192. ...... *Sunt qui, ut se plurima nosse Ostentent*] Notatur fortassis Dantes Aligherius, cum divina sua Comœdia : itemque Angelus Politianus, de quo ita scripsit Jul. Cæsar Scaliger, in Hypercritico : *Politianum traxit ardor eruditionis ad stylum sylvarum. Itaque & lectionis variæ condituris, & impetu excursuque, Statio propior ac similior... Modò ostentet se multa aut recondita nota habere, satis habet.* Et sunt qui existiment, neque opinor sine causa, Homerum nimis voluisse, multiplicem suam rerum variarum notitiam apparere.

V. 220. *Sæpe etiam accumulant antiqua exempla virorum*] Dantem hîc quidem Aligherium non poterunt non agnoscere, qui ejus poësin legerint, quæ inscribitur *la divina Comedia.*

V. 209. *Aut duri cantantes prælia Martis*] Hoc est in heroïco poëmate.

V. 210. *Aut terræ mores varios, cultusque canentes*] Sic designat Poëmata didascalica; quoniam nihil in eo genere præstantius est Georgicis Virgilii: quo factum opinor, ut nonnulli didascalica quævis non aliter appellent quàm Georgica: cùm nihil neque in rerum natura sit, neque factum arte, quod non idoneam suppeditet perito artifici materiam didascalici carminis; ac si unus hic jam patere videtur campus, in quo se indoles poëticæ exerceant, postquam epicum præclusit morum opinionumque mutatio; at patet tam latè, ut labori sæpe defuturus sit faber, nunquam fabro labor. Quemadmodum de copia fabularis materiæ dixit Phædrus, lib. IV. XXV. 7.

V. 337. *Non sic Ausonius Venulus*] Æn. XI. 242. Homericæ simplicitati Vida hîc opponit cultum Virgilianæ artis. Nimirum ut Homeri poësis exemplar fuit, unde Aristoteles diligenti observatione formam expressit Artis poëticæ: sic Virgilium imitatorem Homeri, atque emendatorem respexit Vida, ut imaginem perfectæ poëseos effingeret.

V. 345. *Ficta potes multa addere veris*] Modò rem solerter tractet poëta, ut de ipso dici possit illud. Horat. III. Art. Poët. 151.

Ita mentitur, sic veris falsa remiscet,
Primo ne medium, medio ne discrepet imum.

V. 352. *Cùm secura tamen*] Hîc Vidæ desidero judicium. Loquentem facit aliquem ex Epicuri grege, & Homeri commenta coarguentem, proptereà quòd minùs consentiant cum decretis Epicuri, sciscentis, divinam naturam degere procul ab omni rerum humanarum procuratione summotam. Id facit Vida, quod cavillator, qui ipsi, aut mihi, ejus interpreti, in uno acquiescentibus Virgilio, Claudianum opponeret, aut Statium. Responderemus : Quid nobis est cum Statio aut illo altero ? Vice Homeri dicam: Non profitebatur Græcus poëta cum Horatio, I. Sat. v. 101. *Deos didici securum agere ævum.* Si in ea fuisset sententia conditor Iliados atque Odysseæ, numquam sanè deos fecisset tam negotiosos, tamque exercitos.

V. 381. *Unde ipsi Graii nomen fecere poë-*

tis] Si Græcam spectes vocis originem, poëta est *factor*, *artifex*; ut ferunt Glossæ veteres. Hinc Vida colligit poëtam esse dictum, quòd res verbis ita exprimat, ut non tam describi videantur, quàm fieri. Hoc si quis probat, bene sit. At malim, quod dat Julius Pollux in Onomastico, lib. IV. cap. 7. *Poëta, cantor, cantator.* Græca tria vocabula non describo; ne legentes absterream. Hoc tantùm addo : *Artifex* Latinis est etiam *musicus*. Quocircà Nero moribundus lamentabatur : *Qualis artifex pereo!* Non tamen hæc grammatica de vocis originatione, dirimet controversiam graviorem : utrùm potius sit poëtæ officium, comminisci fabulas, an versus componere. Adeunda est illa, quam indicavi jam antè, ingeniosa Caroli Batteussii diatriba, parte tertiâ.

V. 399. *Mutant*] Cave legendum putes, *mutans*; quasi sensus sit : *mutatur cœli tempestas, mutans simul hominum pectora.* Illud *mutant* positum est absolutè, inquiunt grammatici; quemadmodum Virgilius posuit *vertere*. Georg. II. 34.

Et sæpe alterius ramos impune videmus
Vertere ad alterius.

Hoc est, videmus ramos alterius arboris convertere se in ramos alterius. Id absolutæ constructionis genus habet quoque in verbis ejusdem significationis sermo noster Gallicus.

V. 455. *Præterea haud lateat*] Sententiam hanc, quæ bene scribendi ostendit principium, & fontem aperit, splendidè illustrat Batteussiana Diatribe, de qua superiùs.

V. 449. *Quove tenere queat*] Iliad II. Ostenditur Homeri exemplo & Virgilii, oportere poëtam esse rhetorum præceptis & dicendi arte quàm instructissimum.

V. 535. *Neve aliis*] Æn. I. 478. Ait Priamus Iliad. XXIV. 257. Troïlum suum fuisse ex curru pugnacem.

V. 541. *Nostri*] Poëtæ Latini, maximè Virgilius; hic enim unus vidit quid deceat.

V. 544. *Tute*] Vox contracta ex *tu ipse*,

nam *S* transit in *T*. Videri potest *Tractatus Gerardi Joannis Vossii de litterarum permutatione.*

V. 545. *Fatidicæ Mantûs*] Æn. x. 199. Ocnus commendatur isto versu; quo dextrè abutitur Vida, ipsum ut designet Virgilium. Quem versus in Æneïdos contextu sensum habeat, exponent illius interpretes. Ego Vidæ hanc operam debeo. Virgilium appellat *Mantûs* filium, quoniam Mantuanus erat civitate; Andibus in pago tractûs Mantuani natus. Dicitur quoque *Tusci amnis*, id est, Tiberini, *filius*. Nempe Tiberis designat Romam, & Romanus erat Virgilius adoptione, commoratione, ingenii ac styli elegantiâ.

V. 554. *Dum post in melius*] Cicero Tusc. I. 1. *Meum semper judicium fuit, omnia nostros aut invenisse per se sapientiùs quàm Græcos; aut accepta ab illis fecisse meliora, quæ quidem digna statuissent, in quibus elaborarent.*

V. 584. *Trepidos in Turcas*] *Selimi Tur-*

tarum Imperatoris victoriis Leo perterritus, Christianos Principes ad persequendum, depositis domesticis odiis, communem Reipublicæ Christianæ hostem hortatus est. Sed pia Leonis studia, fatali socordiâ nostrorum Principum, cùm quisque alienæ gloriæ invidet, breviter perierunt. Ita Ciaconius in Leone X.

V. 597. *Pater*] Leo X. Pontifex, cujus triumphum de Turcis bello victis poëta imaginatur. Idcircò *aureus*, ob triumphi pompam.

V. 601. *Dii vestrum crimen*] Hîc Vida, quemadmodum aliis quibusdam locis, nimiùm *paganisat*, ut aiebat quispiam.

Lib. III.

Vers. 1. *Nunc autem linguæ studium*] Elocutionis tractat rationem liber hic tertius; quem meritò dicas Musarum esse manibus atque industriâ compositum : tanta est, in præceptorum delectu judicii subtilitas ; tantus in explanatione nitor orationis ; tantâ arte præceptionibus sua intexuntur exempla. Planè cum Scaligero dicam, hic *rex est librorum Vida.*

V. 5. *Lustrandis*] Id est, illustrandis. Ut Cicero scripsit in Fragm. Poëmatum, ex Odyss. XVIII. 135.

Tales sunt hominum mentes, quali pater ipse
Juppiter auctiferas lustravit lumine terras.

Virgilius, Æn. IV. 6.

Postera Phœbeâ lustrabat lampade terras.

V. 7. *Audendum, puer*] Quintilianus, Instit. VIII. in proœmio : *Plus exigunt laboris & curæ quæ sequuntur. Hinc enim jam elocutionis rationem tractabimus, partem operis, ut inter omnes oratores convenit, difficillimam.*

V. 13. *Tempestas*] Quæ flores effundat pro grandine, ambrosiam pro imbre. Festiva imago, & eleganter poëtica. Eamne voluit exprimere Sarbievius? cùm scripsit lib. 1. Od. I. V. 11.

Grandinat gemmis, riguoque cœlum
Depluit auro.

Parum commodè. Nam grando gemmea sanè læderet non minùs, quàm lædit usitata; & aurum non est ejus naturæ, ut fluere possit in pluviam.

V. 15. *Verborum imprimis tenebras fuge*] Prima enim orationis virtus est perspicuitas; ita ut non tantùm intelligi possint, quæ dicuntur, sed etiam non possint non intelligi. Legetur utiliter Quintilianus, Instit. VIII. 2.

V. 16. *Nam neque*] Etsi Heraclito orationis obscuritas nomen fecit *tenebricosi*, vix tamen hîc illum notari crediderim: quid enim arti poëticæ cum Philosopho? Neque illos puto perstringi rhetores, qui suis discipulis auctores erant obscurandæ orationis, ut ex Livio Quintilianus refert alicubi. Poëtarum hîc res agitur. An Persium iste spectat locus? Potest videri. Sed tamen illud quod addit Vida, *Si tantum fas credere*, inducit me ut credam tangi poëtam aliquem, cujus opera interciderint. Cinnæ, qui æqualis fuit Catulli, atque Virgilii, nihil ad nos pervenit, & fuit ipse non limpidus poëta, ut indicat Martialis, lib. x. Epigr. xxi. 4. Itaque Cinnam existimo hunc ipsum esse, quem Vida designatum voluit. Illius quidem cum laude mentio est in aliquo epigrammate Catulli (xcvi) & in versu Virgilii, Eclog. ix. 35. Nempe laudabant ambo amici amicum.

V. 20. *Ille ego sim*] An assecutus Vida non est quod optabat, si quidem visæ sunt non supervacaneæ annotationes istæ? Hîc agenda mihi causa mea est. Quæro: an quod volebat non est adeptus, si tam fuit ab obscuritate remotus, quàm Cicero, quàm Virgilius, quàm Horatius? De his enim tribus affirmari potest id, quod de postremo affirmat in ejus vita Suetonius: *Obscuritatis vitio non tenebatur*. At illi tamen quanto annotationum comitatu septi ambulant? Non enim difficultatem intelligendi, & commentariorum necessitatem facit semper scriptoris obscuritas; sed plerumque lectorum vel ætas, vel indoles, legendi nimiùm inexperta.

V. 39. *Ergo*

V. 39. *Ergo omnem curam impendunt, ut cernere nusquam Sit formas similes, naturæ exempla secuti*] Quemadmodum suos natura fœtus variat in immensum; ita boni scriptores, ejus sequentes exempla, student variandis scitè imaginibus, quas effingunt; ita ut nusquam *sit* possibile, aut fas, reperire in eorum operibus *formas* inter se *similes*.

V. 44. *Nonne vides, verbis ut*] Datur metaphoræ notio, illustrata exemplis. Videri potest Dionysius Longinus, de Sublimi genere Orationis, sect. XXXII. Gerardus Joannes Vossius, Oratoriar. Institut. lib. IV. cap. 6. & boni rhetores alii. Atque ut deinceps compendium fiat chartæ ac temporis, semel admoneo, in hujus Gerardi Joannis Vossii Oratoriarum institutionum libro quarto haberi explicata diligentissimè omnia, quæ ad figuras dicendi pertinent.

V. 58. *Sua res insignia*] Vocabula rerum propria, sunt veluti earum *insignia*; quoniam ex illis agnoscuntur.

Partie III. Q

V. 61. *Tum specie capti*] Cicero de Orat. III. 40. hâc de re Crassum inducit disserentem prorsus Ciceronianè. Hanc eamdem sententiam ex Aristotele breviter illustrat Dominicus Buhursius, in libro Gallicè inscripto: *La maniere de bien penser dans les ouvrages d'esprit.* Dialog. 3.

V. 73. *Res humiles*] Ea poëtæ laus est præcipua, si res humiles, præsertim verò hactenus indictas, ornet cultu & lumine orationis. Quo in genere Satiricus Gallus, in quadam epistola, quæ est octava inter editas, profitetur admirationi esse sibi Homerum atque Virgilium. Nitidam illam, in rebus penè sordidis, elegantiam styli exigit præsertim Genus didascalicum, quâ quia carebant nonnulli, omissâ rerum explicatione, ad putidas sunt fabulas delapsi. Est enim facilius compilare Ovidium, quàm Virgilii in Georgicis judicium poësimque imitari.

V. 95. *Indictis in rebus egestas*] Inopia vocabuli proprii in rebus nondum denominatis, carentibus appellatione certâ.

V. 110. *Spatiis angusti temporis arctant*] Cicero, de Orat. 1. 16. *Est enim finitimus oratori poëta, numeris adstrictior paulò, verborum autem licentiâ liberior, multis verò ornandi generibus socius, ac penè par.* Quos Cicero *numeris adstrictiores*, eos Vida esse ait *arctatos spatiis angusti temporis.* Etenim ut harmonia, sic versus sine pedum ac temporum observatione non consistit : pedes autem ac tempora, quibus possunt versus decurrere, angustis includuntur spatiis & limitibus, cùm detur omnibus in soluta oratione locus.

V. 124. *Patrumque è nomine natos Significant*] Hæc sunt, quæ dicuntur nomina patronymica ; nempe à patris, avi, proavi, patriæ vocabulo derivata. De quibus copiosè disserit G. J. Vossius, in lib. II. de Analogia, cap. 28.

V. 127. *Africa terribili tremet*] Hoc est : Non dicet poëta : Afri timent : vel, Afros timor invasit. Sed rem ita exprimet :

Africa terribili tremet horrida terra tumultu.

Hunc Ennii versum servavit Cicero de Orat. III. 42. & Hieronymus Columna in hunc modum expendit, Comment. in Q. Ennii Fragmenta. *Versus mirâ arte editus ; in quo rei magnitudinem verbis æquavit : quandoquidem nihil eo rotundius, elegantius, nnmerosiusve dici poterat. Nam T litera sæpe inculcata tremorem exprimit.... Litera quoque R quæ crebrò, aut geminata, aut aliis consonantibus conjuncta, interstrepit, quàm horridam habeat pronunciationem, horroremque & strepitum imitetur, quis non percipit?* Cicero lib. de Oratore ait, hoc loco pro ipsis Afris sumptam Africam. Hanc figuram, ut idem ait Cicero, Rhetores *hypallagen* vocant ; quia quasi submutantur verba pro verbis. Grammatici verò *metonymiam*, quòd nomina transferantur.

V. 153. *Iniqui*] Id est, contra fas & æquum, per vim, rebus nativam suam formam eripiunt.

V. 162. *Ea sint modò digna Camenis*] Effugiendum est ab omni verborum vilitate, & sumendæ voces à plebe submotæ ; ut possit poëta dicere :

Odi profanum vulgus, & arceo.
Hæc auctor Carminis de Bello civili.

V. 164. *Res etiam*] De comparationibus præcipit, quæ poëticis in scriptionibus insignem habent usum, vel ad res explicandas, vel ad recreandos animos. Poëtæ opera sua longioribus exornant comparationibus, quàm oratores: sed tamen adhibere modum debent, ne videantur non tam illustrare id argumentum quod tractant, quàm digredi ad aliud tractandum.

V. 194. *Suspecta dicta*] Verba suspici digna, pulchra, quæ locum habere possint in carmine, atque, ut alibi ait, *sint digna Camenis.*

V. 198. *Sicubi se quædam*] An fortè alicubi *inter verba versui meo commoda* (neque enim voces quaslibet quilibet versus admittit) aliqua se ostendant, quæ possim in usus meos convertere. Horat. lib. II. Epist. II. 115.

Obscurata diu populo bonus eruet, atque
Proferet in lucem speciosa vocabula rerum,

Quæ priscis memorata Catonibus atque Cethegis;
Nunc situs informis premit & deserta vetustas.

V. 222. *Munere... vix ipse peracto*] Postquam scribendi munus peregeris, post opus absolutum, vix ipse agnosces ea, quæ ex vetere poëta sumpseris, & inverteris.

V. 234. *Sic regna Asiæ*] Quemadmodum Asiæ regnum, & opes Trojæ in Italiam transtulit Æneas; ita Virgilius poëticæ artis gloriam, & quasi coronam, quæ propria erat Græcorum, Latinis tradidit. Videri potest cum fructu *Virgilius cum Græcis scriptoribus Fulvii Ursini studio collatus.*

V. 136. *Quamvis*] Hîc Vida exemplum dare voluit comparationis longiusculæ, & in descriptionem abeuntis: quales oblectamenti & varietatis causâ, boni scriptores aliquando interserunt; cùm se patiuntur oblatarum imaginum amœnitate tantisper abduci; perinde ac inter legendum abrumpimus filum nonnumquam, & illitas paginis iconas, lemniscos, varias sculptoris artes contemplamur.

ANNOTATIONES.

V. 246. *Temerè*] Sunt, qui hujus adverbii syllabam ultimam non posse naturâ esse longam, quovis pignore contendant; quòd non descendat ab adjectivo secundæ declinationis. Contrà affirmant alii, non posse fieri, ut sit brevis, propterea quòd oriunda sit à nomine adjectivo *Temerus*, quod in usu erat veterum, & ab Accio, in II. *Didascalion* esse usurpatum ostendit Janus Laurenbergius in Antiquario: itaque non arbitror posse dubitari quin verè sit longa.

V. 249. *Crevit*] In animum induxit suum, decrevit, certum habet ac deliberatum.

V. 260 *Quæ mox manifesta probabunt*] Vidam non fuisse suâ spe falsum exitus comprobavit. Equidem J. C. Scaliger ait, *universum penè opus hoc esse quasi parodiam sumptam atque formatam à Virgilianis.* Cum bona Hypercritici venia, quisquis gustum habet legitimæ poëseos, dicet, sumptâ ex Vidæ aliquo versu parodiâ:

Ille ego sim, cui Pierides dent carmina Musæ,
  Qualia sublecto Vida Marone canit.

V. 267. *Nos etiam quædam*] Agit de verbis novis & novatis. Partem hanc tractat G. J. Vossius Orator. Instit. lib. IV. cap. 1. §. 8. Hoc tantùm ex sapientum præscriptis moneo: in vocibus novandis nihil attentaturum juvenem, nisi quem superbia atque imperitia excitet. Eas enim socias habet novitas, novatio stimulatrices.

V. 278. *Exhaustis Itali potiuntur Athenis*] Latini fruuntur opibus & copiâ Græci sermonis, quem compilârunt quodammodo, & comportârunt in Italiam.

V. 282. *Civis & advena.*] Verba propria linguæ Latinæ, & in Latio nata, sunt quasi cives: advenarum titulo designantur ea, quæ aliunde sunt assumpta.

V. 289. *Barbarico*] Non tantùm è Græco, sed etiam è barbararum gentium sermone adoptata sunt in linguam Latinam vocabula. Respexit Vida Virgilianum hunc versum, Æn. II. 504.

Barbarico postes auro, spoliisque superbi,

unde suum parodiâ derivavit.

V. 294. *Quin & victa situ*] De verbis & vocabulis antiquis, eorúmque usu. Atque est operæ pretium animadvertere, ut industriè voces ejusmodi Vida inseruerit in hunc locum. *Adaxit* veteribus erat pro *adegerit*, ut monet Pompeius Festus. *Indugredi* est *ingredi*, Lucret. IV. 368. *Olli* Virgilius posuit aliquando; sed in Æneide duntaxat; quoniam carmen heroïcum magis decet illa species antiquitatis. *Veter*, id est vetus. Ennius:

Dum veter occubuit Priamus sub rege Pelasgo.

Fuat, Æn. X. 108. Illud, *victa situ*, sumptum est ex Æn. VII. 440. Atque ut, quod sentio, dicam: suspicor scriptum fuisse: *Vieta situ*, ita ut in *Vieta* priores duæ vocales id patiantur, quod in *suavis* & *suetus* patiuntur non rarò duæ item priores. *Vietus* porrò est marcidus.

V. 300. *His modus adsit*] Antiquæ voces inspersæ orationi possunt ei granditatis quidpiam addere. At judicio est opus ac modo ; ut in loco sint, & nulla appareat affectatio, quæ semper vitiosa est, & ridicula. Velim legi quæ scripsit G. J. Vossius, Orat. Inst. lib. IV. cap. I. §. 7.

V. 303. *Aptâ verborum ambire coronâ*] Id est, periphrasi explicare. Quintilianus VII. 10. *Res plurima carent appellationibus, ut eas necesse sit transferre, aut circumire.* Translatione exprimere, aut circumlocutione significare.

V. 305. *Verba etiam*] Præcepta de vocibus in unam componendis. Quod magis juvenes attentare debent, quàm nova verba procudere. Quantò tutius est frui paratis ?

V. 309. *Monstra tricorpora*] Sic appellat voces ex tribus coalescentes... Præceptionem grammaticam, rem per se humilem metaphora *sublimat*, ut verbo utar Ennii. Neque tellus Itala fert monstrosos partus animalium tricorporum ; neque sermo Latinus voces admittit triplicatas.

ANNOTATIONES. 251

V. 311. *Perterricrepas*] En petitum ex Lucret. VI. 128. exemplum vocis triplicatæ & tricorporis, conflatæ ex tribus, *per*, *terreo*, *crepo*. Sonitus perterricrepus est, qui terrorem inter crepandum incutit... Epigramma ex portentosis ejus generis vocibus contexuerat per ludum Petrus-Daniel Huetius, quod exstat inter ipsius laudatissima carmina, & apprimè latina.

V. 312. *Argolici*] In eo genere Græci multa licere sibi voluere, præsertim verò Dithyrambici & Comici; quos imitatus est aliquando Plautus.

V. 323. *Levant*] Hoc est, molliunt, levigant, radunt. Lucret. V. 1266. Scribunt aliqui : *Lævant*.

V. 324. *Sichæumque vocant*] Æn. I. 347. Ubi Servius : *Quoties poëta aspera invenit nomina, vel in metro non stantia, aut mutat ea, aut de his aliquid mutilat; nam* Sichæus, Sicharbas *dictus est*.

V. 327. *Quàm populos Italâ*] Ita Virgilius (quod in ejus est vita) *cùm res Romanas* inchoasset, offensus materiâ, & nominum asperitate, ad Bucolica transiit.

V. 329. *Sed neque verborum causâ*] Non oportet *canentem*, id est, carminum artificem, ullo modo adduci, ut *præter consilium*, ac rationem, temerè, addat res inanes, *verborum causâ*; ut nempe res illæ occasionem præbeant congerendi verba. Hi sunt, qui Horatio, Art. poët. 332. dicuntur, *Versus inopes rerum, nugæque canoræ*. Quales effundunt factores de metro magis, quàm de sententia solliciti. Qua in re, ut in coeteris, Virgilii laudandum est judicium, qui maluerit in Æneïde versus relinquere quosdam imperfectos, quàm hemistichia suffarcinare inertibus verbis, & inanibus sententiis. *Hoc* (versus mutilos) *imitandum sibi existimavit Aonius Palearius in lib.* de immortalitate Animorum. *Sed non sic præiverat hac parte Maro, quasi id in laude poneret. Inde id potiùs profectum, quòd morte præventus non potuerit Æneïda ex sententia perficere.* Hæc G. J. Vossius, lib. de Imitatione, cap. IV. §. 6.

V. 333. *Mandatum & munus obire recusent*] verba in versu locum non habent, nisi ut rebus serviant, mentemque exprimant scribentis. At fieri potest, ut in æstu poëtandi, & versificandi, quædam obrepant sonora ad implendum versum ; ignava ad fulciendam sententiam. Possunt dicere :

Nos numerus sumus, & rimas opplemus inanes.

Ea vult Vida excludi, ne fiat quod aliquo de versificatore dictum est, in ejus copiis tot calones esse, quot milites.

V. 355. *Huc ades*] Explicaturus artificium contexendi carminis, novam quasi propositionem præmittit, & novam attentionem excitat.

V. 365. *Utcumque claudere versum*] Sententiam aptè exprimit versus *utcumque* clausus, propè hiulcus ; nisi quòd ultimam in hâc voce syllabam producit positio, sequente geminâ consonante.

V. 368. *Atque sono quæcumque canunt, imitantur*] Verba enim & prosodici eorum numeri, poëtis id sunt, quod pictoribus colores, & parem usum præbent in rebus exprimendis. Qui temperare colores arte nescit, laudari poterit ob figurationes; laudem picturæ non habebit. Neque nanciscetur nomen & pretium poëtæ, quisquis expers hujus artis fuerit, quæ sonis & harmoniâ res exprimit. Locum hunc egregiè expendit is, quem jam laudavi non semel, Carolus Batteussius, in diatriba priùs indicata, part. III. cap. 3.

V. 370. *Nam diversa opus est*] Quod Vida præcipit, quantâ dexteritate exequitur? Eam sonorum temperationem, atque harmoniam Homero tradiderat natura, quæ ipsum formaverat, in quo germanam poëseos indolem mortalibus ostenderet; Virgilius curâ & judicio perfecit: qui successere, inertiâ neglexerunt. Omnem bene versificandi rationem curatè explicavit Bartholomæus Maranta, cujus exstant *Lucullianarum quæstionum libri quinque*, in hoc argumento unicè occupati. Si legantur sine superstitione litteraria, futuri sanè utiles, iis maximè qui poëtæ sint nati.

V. 455. *Quod superest*] De cura emendandi operis, refrigerato inventionis amore, ut monet Quintilianus: qui videndus lib. X. cap. 4.

ANNOTATIONES.

V. 503. *Qui varias cœli creber*] Hoc facere Virgilius destinaverat, narrante Claudio Tiberio Donato in ejus vita: *Ut ultimam manum Æneidi imponeret, statuit in Græciam & Asiam secedere, triennioque continuo omnem operam limationi dare.*

V. 574. *Omnia cedant secla, nec invideant*] Poterat fortasse hìc Vida desinere.

HAs in usum Rhetoricæ Divionensis annotationes memini me scribere anno 1710. Quas deinceps cùm recognoscerem, videbar mihi non lusurus operam, si quid huc afferrem ex literis, quas Vida ad suos Cremonenses Româ dabat, nonis Februar. 1520. *Nunquam, Patres optimi, visus sum mihi ex meis vigiliis majorem fructum cepisse, quàm nuperrimè ex literis vestris, quas ad me publicè misistis, jure vestro postulantes, ut libros, quos de Arte poëtica hexametris conscripsissem, ad vos transmitterem, quò liberi vestri his lectis, aut doctiores fierent, aut exemplo domestico permoti ad ea studia magis inflammarentur. Ego verò, tametsi hujuscemodi operi summam manum jam pridem imposuissem, tamen con-*

silio, ut ego quidem arbitror, usus optimo; nondum id vulgare decreveram... Sed quid ego vobis, aut patriæ, quâ mihi nihil antiquius, negare ausim?... Sat mihi erit, si in his nostra civitatis juventutem aliquid profecisse intellexero.... Præterquam quòd à nobis ea res tractata est quoad plenissimè scribi potuit, cautiores etiam nostri adolescentes in legendis auctoribus redduntur, dum quibus assiduè dent operam, à quibusve sibi cavendum sit, à nobis admonentur.... Assequentur hi quidem perbrevi ea omnia, quæ ego his studiis à pueritia deditus, labore & vigiliis multorum annorum vix assecutus... Intelligent etiam, quantum ornamenti, ac luminis huic arti præstantiâ ingenii attulerit Virgilius noster, quem poëtarum omnium (non de nostris tantùm, verùm etiam de Græcis loquor) facilè principem ponimus.... Cæterùm occurrent etiam fortasse quædam obscuriora, quòd à nobis loci nonnulli tractati sunt subtiliùs; qui sine aliqua eruditione ab adolescentibus intelligi non possint. Epistolam Vidæ integram dedit Franc. Arsius in Cremona literata, Tom. II.

FINIS.

IV. PARTIE.

ART POËTIQUE
DE DESPRÉAUX.

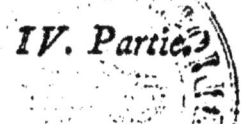

A

AVANT-PROPOS.

Despréaux déjà célèbre par la censure qu'il avoit exercée sur les Poëtes de son temps, entreprit à trente-trois ans, c'est-à-dire dans la force de l'âge & du genie, de leur dicter des loix, & de justifier ainsi la severité de ses critiques. En pareille circonstance, c'etoit pour lui une necessité de faire un chef-d'œuvre, ou de perdre ce qu'il avoit acquis de reputation.

Il avoit sous les yeux l'ouvrage d'Aristote, celui d'Horace, celui de Vida. Il avoit les observations & les reflexions de vingt siecles, ecoulés depuis Aristote. Il avoit celles du siecle de Louis XIV, que les gens de

Lettres nomment aussi le siecle de Corneille, de Racine, de Moliere, &c. & qui seul, valoit peut-être plus que les vingt precédens.

Il choisit les matériaux, les mit dans un ordre convenable, les developpa avec clarté, avec précision, avec goût. Quand son ouvrage parut, l'envie même, & l'envie irritée, l'admira. Ce n'etoit pas seulement un Traité de Poëtique complet, c'etoit encore un beau Poëme, riche en tableaux comme en preceptes; rempli de beaux vers, de vers heureux, autant que d'idées justes.

Pour qui ne chercheroit que les regles & les principes concernant la Poësie, la Poëtique de Despréaux suffiroit seule, & tiendroit lieu des trois autres. Mais si le lecteur veut discuter l'art, s'il desire savoir sur quoi portent ces regles & ces principes, il ne peut se passer de l'ouvrage d'Aristote. Celui-ci est à la tête des trois autres, comme une sorte de titre fondamental, qui semble être la derniere des raisons, qui l'est effectivement; parce qu'ayant pris pour base des regles, la nature des choses & celle de l'homme, on ne peut ni remonter plus haut, ni s'étendre plus loin. Il n'etoit pas possible à des Poëtes d'entrer dans les preuves raisonnées & les discussions subtiles du Philosophe. Mais du moins le Poëte François nous a donné des resultats precis de ces discussions : ce que n'avoient fait ni Horace, ni Vida; & il en a fait l'application la plus juste à tous les genres de Poësie connus, à l'Epopée, à la Tragédie, à la Comédie, à l'Ode, à l'Elégie, à l'Epitre, au Sonnet, au Rondeau, au Vaudeville même, & à l'Epigramme, qui *n'est souvent qu'un bon mot de deux rimes orné :* ce qui ne demandoit pas moins de génie que d'art & de goût.

Les Remarques que nous joignons à cette quatrieme Partie, sont moins des eclaircissemens (dont elle n'a pas besoin) que des additions que nous avons crues necessaires à ce Recueil. Elles sont tirées, la plûpart, des Discours de Corneille sur la Poësie dramatique. Le grand Corneille avoit droit sans doute autant qu'aucun autre, par l'etude profonde qu'il a faite de son genre, & par une experience raisonnée de quarante ans, d'être compris parmi les Legislateurs de la Poësie.

Il peut y avoir dans des Ouvrages plus modernes, des developpemens & des observations dignes d'être recueillies; mais l'art pour être vraiment utile, ne doit pas être trop chargé. C'est au genie de chaque artiste de l'aggrandir selon sa capacité, & d'en trouver les details dans les principes, & les varietés dans les sujets.

ART POËTIQUE
DE DESPRÉAUX.

CHANT PREMIER.

C'est en vain qu'au Parnasse un temeraire Auteur
Pense de l'Art des vers atteindre la hauteur;
S'il ne sent point du Ciel l'influence secrete,
Si son astre en naissant ne l'a formé poëte;
5 Dans son genie étroit il est toujours captif,
Pour lui Phébus est sourd, & Pegase est retif.

O vous donc, qui brûlant d'une ardeur perilleuse,
Courez du bel esprit la carriere epineuse,
N'allez pas sur des vers sans fruit vous consumer,
10 Ni prendre pour genie un amour de rimer.

Craignez d'un vain plaisir les trompeuses amorces,
Et consultez long-temps votre esprit & vos forces.

La nature fertile en Esprits excellens,
Sait entre les Auteurs partager les talens.
15 L'un peut tracer en vers une amoureuse flamme;
L'autre d'un trait plaisant aiguiser l'Epigramme.
Malherbe d'un heros peut vanter les exploits,
Racan, chanter Philis, les bergers, & les bois.
Mais souvent un Esprit qui se flatte, & qui s'aime,
20 Méconnoît son genie, & s'ignore soi-même.
Ainsi tel [1] autrefois, qu'on vit avec Faret
Charbonner de ses vers les murs d'un cabaret,
S'en va mal-à-propos, d'une voix insolente,
Chanter du peuple Hebreu la fuite triomphante,
25 Et poursuivant Moïse au travers des deserts,
Court avec Pharaon se noyer dans les mers.

—Quelque sujet qu'on traite, ou plaisant, ou sublime;
Que toujours le bon sens s'accorde avec la rime.

---

[1] Saint-Amant, auteur du Moïse sauvé. Nicolas Faret, ami de Saint-Amant.

L'un l'autre vainement ils semblent se haïr,
30 La rime est une esclave, & ne doit qu'obéir.
Lors qu'à la bien chercher d'abord on s'évertue,
L'esprit à la trouver aisément s'habitue :
Au joug de la raison sans peine elle fléchit,
Et loin de la gêner, la sert & l'enrichit.
35 Mais lors qu'on la neglige, elle devient rebelle,
Et pour la ratraper, le sens court après elle.
Aimez donc la raison. Que toujours vos écrits
Empruntent d'elle seule & leur lustre & leur prix.

LA PLUPART emportés d'une fougue insensée
40 Toujours loin du droit sens vont chercher leur pensée.
Ils croiroient s'abaisser dans leurs vers monstrueux,
S'ils pensoient ce qu'un autre a pû penser comme eux.
Evitons ces excès. Laissons à l'Italie
De tous ces faux brillans l'éclatante folie.
45 Tout doit tendre au bon sens. Mais pour y parvenir
Le chemin est glissant & penible à tenir.
Pour peu qu'on s'en écarte, aussi-tôt on se noie.
La raison pour marcher n'a souvent qu'une voie.

Un Auteur quelquefois trop plein de son objet
50 Jamais sans l'épuiser n'abandonne un sujet.
S'il rencontre un palais [2], il m'en dépeint la face.
Il me promène après de terrasse en terrasse :
Ici s'offre un perron, là regne un corridor,
Là ce balcon s'enferme en un balustre d'or :
55 Il compte des plafonds les ronds & les ovales.
Ce ne sont que festons, ce ne sont qu'astragales [3].
Je saute vingt feuillets pour en trouver la fin,
Et je me sauve à peine au travers du jardin.
— Fuyez de ces Auteurs l'abondance stérile,
60 Et ne vous chargez point d'un détail inutile.
Tout ce qu'on dit de trop est fade & rebutant ;
L'esprit rassasié le rejette à l'instant.
Qui ne sait se borner, ne sut jamais écrire.
Souvent la peur d'un mal nous conduit dans un pire.
65 Un vers étoit trop foible, & vous le rendez dur.
J'evite d'être long, & je deviens obscur.

[2] Scuderi dans son *Alaric* employoit 480 vers, pour decrire un Palais.   [3] Vers de Scuderi.

L'un n'est point trop fardé ; mais sa Muse est trop nue ;

L'autre a peur de ramper, il se perd dans la nue.

Voulez-vous du Public mériter les amours ?
70 Sans cesse en écrivant variez vos discours.
Un style trop égal & toujours uniforme,
En vain brille à nos yeux, il faut qu'il nous endorme.
On lit peu ces Auteurs, nés pour nous ennuyer,
Qui toujours sur un ton semblent psalmodier.
75 Heureux, qui dans ses vers sait d'une voix legère
Passer du grave au doux, du plaisant au severe !
Son livre aimé du ciel, & cheri des lecteurs,
Est souvent chez Barbin entouré d'acheteurs.

Quoi que vous écriviez, evitez la bassesse.
80 Le style le moins noble a pourtant sa noblesse.
Au mépris du bon sens, le Burlesque effronté
Trompa les yeux d'abord, plut par sa nouveauté.
On ne vit plus en vers que pointes triviales.
Le Parnasse parla le langage des hales.

85 La licence à rimer alors n'eut plus de frein.
Apollon travesti devint un Tabarin [4].
Cette contagion infecta les provinces,
Du Clerc & du Bourgeois passa jusques aux Princes.
Le plus mauvais plaisant eut ses approbateurs,
90 Et jusqu'à Dassouci [5], tout trouva des lecteurs.
Mais de ce style enfin la Cour désabusée,
Dédaigna de ces vers l'extravagance aisée,
Distingua le naïf, du plat & du bouffon,
Et laissa la province admirer le Typhon [6].
95 Que ce style jamais ne souille votre ouvrage.
Imitons de Marot l'élégant badinage,
Et laissons le burlesque aux plaisans du Pont-neuf.

Mais n'allez point aussi, sur les pas de Brebeuf,
Même en une Pharsale, entasser sur les rives,
100 *De morts & de mourans cent montagnes plaintives* [7].

---

[4] Allusion au Virgile travesti de Scarron. *Tabarin*, Bouffon connu alors.

[5] Dassouci, Poëte oublié.

[6] Typhon, Poëme burlesque de Scarron.

[7] Vers de Brebeuf dans la traduction de la Pharsale de Lucain : Liv. VII.

Prenez mieux votre ton. Soyez simple avec art,
Sublime sans orgueil, agréable sans fard.

N'offrez rien au lecteur que ce qui peut lui plaire.
Ayez pour la cadence une oreille severe.
105 Que toujours dans vos vers, le sens coupant les mots,
Suspende l'hemistiche, en marque le repos.
Gardez qu'une voyelle à courir trop hâtée,
Ne soit d'une voyelle en son chemin heurtée.
Il est un heureux choix de mots harmonieux.
110 Fuyez des mauvais sons le concours odieux.
Le vers le mieux rempli, la plus noble pensée,
Ne peut plaire à l'esprit quand l'oreille est blessée.

Durant les premiers ans du Parnasse françois,
Le caprice tout seul faisoit toutes les loix.
115 La rime au bout des mots assemblés sans mesure,
Tenoit lieu d'ornement, de nombre & de césure.
Villon [8] sut le premier, dans ces siecles grossiers,
Débrouiller l'art confus de nos vieux Romanciers.

[8] Poëte François du xve. siecle.

Marot bientôt après fit fleurir les Balades,
120 Tourna des Triolets, rima des Mascarades,
A des refrains reglés asservit les Rondeaux,
Et montra pour rimer des chemins tout nouveaux.
Ronsard qui le suivit, par une autre méthode
Reglant tout, brouilla tout, fit un art à sa mode 9 :
125 Et toutefois long-temps eut un heureux destin.
Mais sa Muse en françois parlant grec & latin,
Vit dans l'âge suivant, par un retour grotesque,
Tomber de ses grands mots le faste pedantesque.
Ce Poëte orgueilleux trébuché de si haut
130 Rendit plus retenus Desportes & Bertaut 10.
Enfin Malherbe vint, & le premier en France,
Fit sentir dans les vers une juste cadence;
D'un mot mis en sa place enseigna le pouvoir,
Et reduisit la Muse aux regles du devoir.

---

9 *Et ne faut se soucier, disoit Ronsard, si les Vocables sont Gascons, Poitevins, Normands, Manceaux, Lyonnois ou d'autres pays,* Abregé de l'Art Poëtique.

10 Desportes & Berthault, Poëtes du siecle de Henri III & de Henri IV.

Par

135. Par ce sage ecrivain la langue réparée
N'offrit plus rien de rude à l'oreille epurée.
Les stances avec grace apprirent à tomber,
Et le vers sur le vers n'osa plus enjamber.
Tout reconnut ses lois, & ce guide fidele
140 Aux Auteurs de ce temps sert encore de modele.
Marchez donc sur ses pas : aimez sa pureté,
Et de son tour heureux imitez la clarté.
Si le sens de vos vers tarde à se faire entendre,
Mon esprit aussi-tôt commence à se détendre ;
145. Et de vos vains discours prompt à se détacher,
Ne suit point un Auteur qu'il faut toujours chercher.

IL EST certains Esprits dont les sombres pensées
Sont d'un nuage épais toujours embarrassées.
Le jour de la raison ne le sauroit percer.
150 Avant donc que d'écrire apprenez à penser.
Selon que notre idée est plus ou moins obscure,
L'expression la suit, ou moins nette, ou plus pure.
Ce que l'on conçoit bien s'énonce clairement,
Et les mots pour le dire arrivent aisément.

155 Sur tout, qu'en vos ecrits la langue reverée
Dans vos plus grands excès vous soit toujours sacrée.
En vain vous me frappez d'un son melodieux,
Si le terme est impropre, ou le tour vicieux.
Mon esprit n'admet point un pompeux barbarisme,
160 Ni d'un vers empoulé l'orgueilleux solecisme.
Sans la langue, en un mot, l'Auteur le plus divin
Est toujours, quoi qu'il fasse, un méchant ecrivain.

Travaillez à loisir, quelque ordre qui vous presse,
Et ne vous piquez point d'une folle vîtesse.
165 Un style si rapide, & qui court en rimant,
Marque moins trop d'esprit, que peu de jugement.
J'aime mieux un ruisseau qui sur la molle arène
Dans un pré plein de fleurs lentement se promène,
Qu'un torrent débordé qui d'un cours orageux
170 Roule, plein de gravier, sur un terrein fangeux.
Hâtez-vous lentement, & sans perdre courage,
Vingt fois sur le métier remettez votre ouvrage.
Polissez-le sans cesse, & le repolissez.
Ajoutez quelquefois, & souvent effacez.

175 C'est peu qu'en un ouvrage où les fautes fourmillent,
Des traits d'esprit semés de temps en temps pétillent.
Il faut que chaque chose y soit mise en son lieu ;
Que le début, la fin, répondent au milieu ;
Que d'un art délicat les piéces assorties
180 N'y forment qu'un seul tout de diverses parties ;
Que jamais du sujet le discours s'écartant
N'aille chercher trop loin quelque mot eclatant.

Craignez-vous pour vos vers la censure publique ?
Soyez-vous à vous-même un severe critique.
185 L'Ignorance toujours est prête à s'admirer.

Faites-vous des amis prompts à vous censurer.
Qu'ils soient de vos écrits les confidens sinceres,
Et de tous vos défauts les zélés adversaires.
Dépouillez devant eux l'arrogance d'Auteur :
190 Mais sachez de l'ami discerner le flatteur.
Tel vous semble applaudir, qui vous raille & vous joue
Aimez qu'on vous conseille, & non pas qu'on vous loue

Un Flatteur aussi-tôt cherche à se récrier.
Chaque vers qu'il entend le fait extasier.
95 Tout est charmant, divin. Aucun mot ne le blesse.
Il trépigne de joie, il pleure de tendresse,
Il vous comble par-tout d'éloges fastueux.
La vérité n'a point cet air impetueux.

Un sage ami, toujours rigoureux, inflexible,
100 Sur vos fautes jamais ne vous laisse paisible.
Il ne pardonne point les endroits negligés.
Il renvoie en leur lieu les vers mal arrangés.
Il reprime des mots l'ambitieuse emphase.
Ici le sens le choque, & plus loin c'est la phrase.
105 Votre construction semble un peu s'obscurcir :
Ce terme est équivoque, il le faut éclaircir.
C'est ainsi que vous parle un ami veritable.

Mais souvent sur ses vers un Auteur intraitable
A les proteger tous se croit interessé,
110 Et d'abord prend en main le droit de l'offensé.
De ce vers, direz-vous, l'expression est basse,
Ah! Monsieur, pour ce vers je vous demande grace;

Répondra-t-il d'abord. Ce mot me semble froid,
Je le retrancherois. C'est le plus bel endroit.
215 Ce tour ne me plaît pas. Tout le monde l'admire.
Ainsi toujours constant à ne se point dédire ;
Qu'un mot dans son ouvrage ait paru vous blesser,
C'est un titre chez lui pour ne point l'effacer.
Cependant, à l'entendre, il chérit la critique.
220 Vous avez sur ses vers un pouvoir despotique.
Mais tout ce beau discours, dont il vient vous flatter,
N'est rien qu'un piege adroit pour vous les reciter.
Aussi-tôt il vous quitte, & content de sa muse,
S'en va chercher ailleurs quelque fat qu'il abuse.
225 Car souvent il en trouve. Ainsi qu'en sots Auteurs,
Notre siecle est fertile en sots admirateurs :
Et sans ceux que fournit la ville & la province,
Il en est chez le Duc, il en est chez le Prince.
L'ouvrage le plus plat a chez les courtisans
230 De tout temps rencontré de zelés partisans ;
Et, pour finir enfin par un trait de satire,
Un sot trouve toujours un plus sot qui l'admire.

B iij

CHANT II.

Telle qu'une Bergere au plus beau jour de fête,
De superbes rubis ne charge point sa tête,
Et sans mêler à l'or l'éclat des diamans,
Cueille en un champ voisin ses plus beaux ornemens :
5 Telle, aimable en son air, mais humble dans son style
Doit eclater sans pompe une elégante Idylle :
Son tour simple & naïf n'a rien de fastueux,
Et n'aime point l'orgueil d'un vers presomptueux.
Il faut que sa douceur flatte, chatouille, eveille,
10 Et jamais de grands mots n'epouvante l'oreille.
Mais souvent dans ce style un rimeur aux abois
Jette là de dépit la flûte & le hautbois ;
Et follement pompeux, dans sa verve indiscrette,
Au milieu d'une eglogue entonne la trompette.
15 De peur de l'ecouter, Pan fuit dans les roseaux,
Et les Nymphes d'effroi se cachent sous les eaux.

Au contraire, cet autre, abject en son langage,
Fait parler ses bergers, comme on parle au village.
Ses vers plats & grosiers, dépouillés d'agrément,
20 Toujours baisent la terre, & rampent tristement.
On diroit que Ronsard sur ses *pipeaux rustiques*
Vient encor fredonner ses Idylles gothiques,
Et changer, sans respect de l'oreille & du son,
Lycidas en Pierrot, & Philis en Toinon ¹¹.

25 ENTRE ces deux excès la route est difficile.
Suivez, pour la trouver, Theocrite & Virgile.
Que leurs tendres ecrits par les Graces dictés
Ne quittent point vos mains, jour & nuit feuilletés.
Seuls, dans leurs doctes vers, ils pourront vous prendre
30 Par quel art sans bassesse un Auteur peut descend
Chanter Flore, les champs, Pomone, les vergers,
Au combat de la flûte animer deux bergers,

¹¹ Ronsard dans ses Eglogues appelle Henri II, *Henriot*, Charles IX, *Carlin*, Catherine de Medicis, *Catin*.

Des plaisirs de l'amour vanter la douce amorce;
Changer Narcisse en fleur, couvrir Daphné d'écorce;
35 Et par quel art encor l'Eglogue quelquefois
Rend dignes d'un Consul la campagne & les bois.
Telle est de ce Poëme & la force & la grace.

D'un ton un peu plus haut, mais pourtant sans audace,
La plaintive Elégie, en longs habits de deuil,
40 Sait, les cheveux epars, gemir sur un cercueil.
Elle peint des amans la joie & la tristesse,
Flatte, menace, irrite, appaise une maîtresse.
Mais, pour bien exprimer ces caprices heureux,
C'est peu d'être poëte, il faut être amoureux.

45 Je hais ces vains Auteurs, dont la muse forcée
M'entretient de ses feux, toujours froide & glacée;
Qui s'affligent par art, & fous de sens rassis
S'érigent, pour rimer, en amoureux transis.
Leurs transports les plus doux ne sont que phrases vaines.
50 Ils ne savent jamais que se charger de chaînes;

Que benir leur martyre, adorer leur prison,
Et faire quereller les sens & la raison.
Ce n'étoit pas jadis, sur ce ton ridicule
Qu'Amour dictoit les vers que soupiroit Tibulle [12] :
55 Ou que du tendre Ovide animant les doux sons,
Il donnoit de son art les charmantes leçons.
Il faut que le cœur seul parle dans l'Elégie.

L'Ode avec plus d'eclat & non moins d'energie,
Elevant jusqu'au ciel son vol ambitieux,
60 Entretient dans ses vers commerce avec les Dieux.
Aux Athletes dans Pise [13], elle ouvre la barriere,
Chante un vainqueur poudreux au bout de la carriere,
Mene Achille sanglant aux bords du Simoïs,
Ou fait fléchir l'Escaut sous le joug de Louis.
65 Tantôt comme une abeille ardente à son ouvrage,
Elle s'en va de fleurs dépouiller le rivage.

[12] Expression de Tibulle, *Quod si fortè alios jam nunc suspirat amores.* Liv. IV. El. 5.

[13] Ville de Grece, où l'on celebroit les jeux Olympiques.

Elle peint les festins, les danses, & les ris;
Vante un baiser cueilli sur les levres d'Iris,
Qui mollement resiste, & par un doux caprice,
70 Quelquefois le refuse, afin qu'on le ravisse.
Son style impetueux souvent marche au hasard.
Chez elle un beau desordre est un effet de l'art.

Loin ces rimeurs craintifs, dont l'esprit phlegmatiq[ue]
Garde dans ses fureurs un ordre didactique :
75 Qui chantant d'un héros les progrès eclatans,
Maigres historiens, suivront l'ordre des temps.
Ils n'osent un moment perdre un sujet de vue.
Pour prendre Dole [14], il faut que Lille soit rend[u]
Et que leur vers exact, ainsi que Mezerai,
80 Ait fait déja tomber les remparts de Courtrai.
Apollon de son feu leur fut toujours avare.

On dit à ce propos, qu'un jour ce Dieu bisarre,
Voulant pousser à bout tous les rimeurs François,
Inventa du Sonnet les rigoureuses loix;

[14] Lille & Courtrai furent pris en 1667 & Dole en 166[8]

85 Voulut, qu'en deux quatrains de mesure pareille
La rime avec deux sons frappât huit fois l'oreille,
Et qu'ensuite, six vers, artistement rangés,
Fussent en deux tercets par le sens partagés.
Sur tout de ce poëme il bannit la licence :
90 Lui-même en mesura le nombre & la cadence :
Defendit qu'un vers foible y pût jamais entrer,
Ni qu'un mot déja mis osât s'y remontrer.
Du reste il l'enrichit d'une beauté suprême.
Un Sonnet sans défauts vaut seul un long poëme.
95 Mais en vain mille Auteurs y pensent arriver :
Et cet heureux Phénix est encor à trouver.
A peine dans Gombaut, Maynard, & Malleville,
En peut-on admirer deux ou trois entre mille.
Le reste, aussi peu lu que ceux de Pelletier,
100 N'a fait de chez Sercy qu'un saut chez l'epicier.
Pour enfermer son sens dans la borne prescrite,
La mesure est toujours trop longue ou trop petite.

L'Epigramme plus libre, en son tour plus borné,
N'est souvent qu'un bon mot de deux rimes orné.

105 Jadis de nos Auteurs les pointes ignorées
Furent de l'Italie en nos vers attirées.
Le vulgaire ébloui de leur faux agrément,
A ce nouvel appas courut avidement.
La faveur du public excitant leur audace,
110 Leur nombre impetueux inonda le Parnasse.
Le Madrigal d'abord en fut enveloppé.
Le Sonnet orgueilleux lui-même en fut frappé.
La Tragédie en fit ses plus cheres delices.
L'Elegie en orna ses douloureux caprices.
115 Un héros sur la scene eut soin de s'en parer,
Et sans pointe un amant n'osa plus soupirer.
On vit tous les Bergers, dans leurs plaintes nouvelle
Fideles à la pointe encor plus qu'à leurs belles.
Chaque mot eut toujours deux visages divers.
120 La prose la reçut aussi bien que les vers.
L'Avocat au Palais en hérissa son style,
Et le Docteur en chaire en sema l'Evangile.

La raison outragée enfin ouvrit les yeux,
La chassa pour jamais des discours serieux,

125 Et dans tous ses ecrits la déclarant infâme,
Par grace lui laissa l'entrée en l'Epigramme ;
Pourvu que sa finesse eclatant à propos,
Roulât sur la pensée, & non pas sur les mots ;
Ainsi de toutes parts les desordres cesserent.
130 Toutefois à la cour les Turlupins [15] resterent,
Insipides plaisans, bouffons infortunés,
D'un jeu de mots grossiers partisans surannés.
Ce n'est pas quelquefois qu'une muse un peu fine
Sur un mot, en passant, ne joue & ne badine
135 Et d'un sens détourné n'abuse avec succès :
Mais fuyez sur ce point un ridicule excès,
Et n'allez pas toujours d'une pointe frivole
Aiguiser par la queue une epigramme folle.

TOUT POEME est brillant de sa propre beauté.
140 Le Rondeau né Gaulois a la naïveté.
La Balade asservie à ses vieilles maximes
Souvent doit tout son lustre au caprice des rimes.

[15] Farceur qui a donné son nom aux mauvaises pointes.

Le Madrigal plus simple & plus noble en son tour,
Respire la douceur, la tendresse, & l'amour.

145 L'Ardeur de se montrer, & non pas de médire,
Arma la vérité du vers de la satire.
Lucile [16] le premier osa la faire voir :
Aux vices des Romains presenta le miroir :
Vengea l'humble vertu de la richesse altiere,
150 Et l'honnête homme à pied, du faquin en litiere.

Horace à cette aigreur mêla son enjoûment.
On ne fut plus ni fat, ni sot impunément ;
Et malheur à tout nom, qui propre à la censure,
Pût entrer dans un vers, sans rompre la mesure.

155 Perse en ses vers obscurs, mais serrés & pressans,
Affecta d'enfermer moins de mots que de sens.

Juvenal, elevé dans les cris de l'ecole,
Poussa jusqu'à l'excès sa mordante hyperbole.

[16] Le plus ancien des Poëtes satiriques chez les Romains.

Ses ouvrages tout pleins d'affreuses vérités
160 Etincellent pourtant de sublimes beautés :
Soit que sur un ecrit arrivé de Caprée
Il brise de Séjan la statue adorée :
Soit qu'il fasse au Conseil courir les Sénateurs,
D'un tyran soupçonneux pâles adulateurs :
165 Ou que, poussant à bout la luxure latine,
Aux portefaix de Rome il vende Messaline :
Ses ecrits pleins de feu par-tout brillent aux yeux.

De ces maîtres savans disciple ingénieux
Regnier seul parmi nous, formé sur leurs modeles,
170 Dans son vieux style encore a des graces nouvelles.
Heureux ! si ses discours craints du chaste lecteur,
Ne se sentoient des lieux où frequentoit l'Auteur ;
Et si du son hardi de ses rimes cyniques,
Ils n'alarmoit souvent les oreilles pudiques.

175 Le latin dans les mots brave l'honnêteté :
Mais le lecteur françois veut être respecté :

Du moindre sens impur la liberté l'outrage,
Si la pudeur des mots n'en adoucit l'image.
Je veux dans la Satire un esprit de candeur,
180 Et fuis un effronté qui prêche la pudeur.

D'UN TRAIT de ce Poëme en bons mots si fertile,
Le François né malin forma le Vaudeville,
Agreable Indiscret, qui conduit par le chant,
Passe de bouche en bouche, & s'accroît en marchant
185 La liberté françoise en ses vers se déploie.
Cet enfant de plaisir veut naître dans la joie.
Toutefois n'allez pas, goguenard dangereux,
Faire Dieu le sujet d'un badinage affreux.
A la fin tous ces jeux, que l'Athéisme eleve,
190 Conduisent tristement le plaisant à la Grève.
Il faut, même en chansons, du bon sens & de l'art.
Mais pourtant on a vu le vin & le hasard
Inspirer quelquefois une muse grossiere,
Et fournir, sans génie, un couplet à Liniere [17]

[17] Poëte qui n'est plus connu que par la satire qu'en a fait Despreaux.

195 Mais

195 Mais pour un vain bonheur qui vous a fait rimer,
Gardez qu'un sot orgueil ne vous vienne enfumer.
Souvent l'Auteur altier de quelque chansonnette
Au même instant prend droit de se croire poëte.
Il ne dormira plus qu'il n'ait fait un sonnet.
200 Il met tous les matins six impromptus au net.
Encore est-ce un miracle, en ses vagues furies,
Si, bientôt imprimant ses sottes rêveries,
Il ne se fait graver, au-devant du recueil,
Couronné de lauriers par la main de Nanteuil.[18]

[18] Fameux Graveur de portraits, mort en 1678.

CHANT III.

Il n'est point de serpent, ni de monstre odieux,
Qui, par l'art imité, ne puisse plaire aux yeux.
D'un pinceau delicat l'artifice agreable
Du plus affreux objet fait un objet aimable.
5 Ainsi, pour nous charmer, la Tragedie en pleurs
D'Œdipe tout sanglant fit parler les douleurs,
D'Oreste parricide exprima les alarmes,
Et pour nous divertir nous arracha des larmes.

Vous donc, qui d'un beau feu pour le théatre epris,
10 Venez, en vers pompeux, y disputer le prix;
Voulez vous sur la scène etaler des ouvrages,
Où tout Paris en foule apporte ses suffrages,
Et qui toujours plus beaux, plus ils sont regardés,
Soient au bout de vingt ans encor redemandés?
15 Que dans tous vos discours la passion emue
Aille chercher le cœur, l'echauffe & le remue.

Si d'un beau mouvement l'agreable fureur
Souvent ne nous remplit d'une douce *Terreur*,
Ou n'excite en notre ame une *Pitié* charmante,
20 En vain vous etalez une scène savante.
Vos froids raisonnemens ne feront qu'attiédir
Un spectateur toujours paresseux d'applaudir,
Et qui des vains efforts de votre rhetorique,
Justement fatigué, s'endort, ou vous critique.
25 Le secret est d'abord de plaire & de toucher :
Inventez des ressorts qui puissent m'attacher.

Que dès les premiers vers l'action préparée
Sans peine du sujet applanisse l'entrée.
Je me ris d'un acteur qui lent à s'exprimer,
30 De ce qu'il veut, d'abord ne sait pas m'informer,
Et qui débrouillant mal une penible intrigue
D'un divertissement me fait une fatigue.
J'aimerois mieux encor qu'il déclinât son nom,
Et dit: je suis Oreste, ou bien Agamemnon,

35 Que d'aller, par un tas de confuses merveilles,
Sans rien dire à l'esprit, etourdir les oreilles.
Le sujet n'est jamais assez tôt expliqué.

QUE LE LIEU de la scène y soit fixe & marqué.
Un rimeur, sans peril, delà les Pirenées [19],
40 Sur la scène en un jour renferme des années.
Là souvent le héros d'un spectacle grossier,
Enfant au premier acte, est barbon au dernier.
Mais nous que la raison à ses regles engage,
Nous voulons qu'avec art l'action se ménage ;
45 Qu'en un lieu, qu'en un jour, un seul fait accompli
Tienne jusqu'à la fin le théatre rempli.

JAMAIS au spectateur n'offrez rien d'incroyable.
Le vrai peut quelquefois n'être pas vraisemblable.
Une merveille absurde est pour moi sans appas.
50 L'esprit n'est point emu de ce qu'il ne croit pas.

[19] Il designe Lope de Véga, poëte Espagnol, qui a composé un très-grand nombre de pieces de théatre, dans l'une desquelles *Valentin* & *Orson* naissent au premier acte & sont vieux au dernier.

Ce qu'on ne doit point voir, qu'un recit nous l'expose.

Les yeux en le voyant saisiroient mieux la chose :
Mais il est des objets, que l'art judicieux
Doit offrir à l'oreille, & reculer des yeux.

55 Que le trouble toujours croissant de scène en scène
A son comble arrivé se débrouille sans peine.
L'esprit ne se sent point plus vivement frappé,
Que lors qu'en un sujet d'intrigue enveloppé,
D'un secret tout-à-coup la vérité connue
60 Change tout, donne à tout une face imprevue.

La Tragédie informe & grossiere en naissant
N'étoit qu'un simple Chœur, où chacun en dansant,
Et du Dieu des raisins entonnant les louanges,
S'efforçoit d'attirer de fertiles vendanges.
65 Là, le vin & la joie éveillant les esprits,
Du plus habile chantre un bouc étoit le prix.
Thespis fut le premier qui barbouillé de lie,
Promena par les bourgs cette heureuse folie.

Et d'acteurs mal ornés chargeant un tombereau,
70 Amusa les passans d'un spectacle nouveau.
Eschyle dans le Chœur jeta les personnages,
D'un masque plus honnête habilla les visages,
Sur les ais d'un théatre en public exhaussé,
Fit paroître l'acteur d'un brodequin chaussé.
75 Sophocle enfin donnant l'essor à son génie,
Accrut encor la pompe, augmenta l'harmonie,
Interessa le Chœur dans toute l'action,
Des vers trop raboteux polit l'expression,
Lui donna chez les Grecs cette hauteur divine
80 Où jamais n'atteignit la foiblesse Latine.

CHEZ nos devots aïeux le théatre abhorré
Fut long-tems dans la France un plaisir ignoré.
De pelerins, dit-on, une troupe grossiere
En public à Paris y monta la premiere,
85 Et sottement zelée en sa simplicité
Joua les Saints, la Vierge, & Dieu, par pieté.
Le savoir à la fin dissipant l'ignorance,
Fit voir de ce projet la dévote imprudence.

On chassa ces docteurs prêchans sans mission.
90 On vit renaître Hector, Andromaque, Ilion.
Seulement, les acteurs laissant le masque antique,
Le violon tint lieu de chœur & de musique.

Bientot l'Amour fertile en tendres sentimens
S'empara du théatre, ainsi que des romans.
95 De cette passion la sensible peinture
Est pour aller au cœur la route la plus sûre.
Peignez-donc, j'y consens, les héros amoureux:
Mais ne m'en formez pas des bergers doucereux.
Qu'Achille aime autrement que Thyrcis & Philene.
100 N'allez pas d'un Cyrus nous faire un Artamene [20]:
Et que l'amour souvent de remords combattu
Paroisse une foiblesse & non une vertu.

Des héros de roman fuyez les petitesses:
Toutefois aux grands cœurs donnez quelques foiblesses.
105 Achille déplairoit, moins bouillant & moins prompt.
J'aime à lui voir verser des pleurs pour un affront.

[20] C'est le nom d'un Roman de Mlle. de Scudéri.

A ces petits défauts marqués dans sa peinture,
L'esprit avec plaisir reconnoît la nature.
Qu'il soit sur ce modele en vos ecrits tracé.
110 Qu'Agamemnon soit fier, superbe, intéressé.
Que pour ses Dieux Enée ait un respect austere.
Conservez à chacun son propre caractere.
Des siecles, des pays, etudiez les mœurs.
Les climats font souvent les diverses humeurs.

115 Gardez-donc de donner, ainsi que dans Clélie,
L'air, ni l'esprit François à l'antique Italie,
Et sous des noms Romains faisant notre portrait,
Peindre Caton galant & Brutus dameret.
Dans un roman frivole aisément tout s'excuse;
120 C'est assez qu'en courant la fiction amuse.
Trop de rigueur alors seroit hors de saison.
Mais la scène demande une exacte raison.
L'étroite bienséance y veut être gardée.

D'un nouveau personnage inventez-vous l'idée?
125 Qu'en tout avec soi-même il se montre d'accord,
Et qu'il soit jusqu'au bout tel qu'on l'a vu d'abord.

Souvent, sans y penser, un ecrivain qui s'aime,
Forme tous ses héros semblables à soi-même.
Tout a l'humeur gascone, en un auteur Gascon.
130 Calprenede & Juba [21] parlent du même ton.

La nature est en nous plus diverse & plus sage.
Chaque passion parle un différent langage.
La colere est superbe, & veut des mots altiers.
L'abattement s'explique en des termes moins fiers.
135 Que devant Troie en flamme Hecube desolée
Ne vienne pas pousser une plainte ampoulée;
Ni sans raison décrire en quels affreux pays,
Par sept bouches l'Euxin reçoit le Tanaïs [22].
Tous ces pompeux amas d'expressions frivoles
140 Sont d'un déclamateur amoureux des paroles.
Il faut dans la douleur que vous vous abaissiez.
Pour me tirer des pleurs il faut que vous pleuriez.

[21] Héros du Roman de Cléopatre, par La Calprenede Gentilhomme du Périgord.

[22] Seneque le tragique, Troade, scène I, v. 9. *Septena Tanaïm ora pandentem bibit.*

Ces grands mots dont alors l'acteur emplit sa bouche,
Ne partent point d'un cœur que sa misere touche.

145 Le Théatre fertile en censeurs pointilleux,
Chez nous, pour se produire, est un champ perilleux.
Un Auteur n'y fait pas de fameuses conquêtes.
Il trouve à le sifler des bouches toujours prêtes.
Chacun le peut traiter de fat & d'ignorant.
150 C'est un droit qu'à la porte on achette en entrant.
Il faut qu'en cent façons, pour plaire, il se replie ;
Que tantôt il s'eleve, & tantôt s'humilie ;
Qu'en nobles sentimens il soit par tout fecond ;
Qu'il soit aisé, solide, agreable, profond ;
155 Que de traits surprenans sans cesse il nous reveille ;
Qu'il coure dans ses vers de merveille en merveille,
Et que tout ce qu'il dit, facile à retenir,
De son ouvrage en nous laisse un long souvenir.
Ainsi la Tragédie agit, marche, & s'explique.

160 D'un air plus grand encor la Poësie Epique,

Dans le vaste recit d'une longue action,
Se soutient par la fable, & vit de fiction.
Là pour nous enchanter tout est mis en usage :
Tout prend un corps, une ame, un esprit, un visage
165 Chaque vertu devient une Divinité,
Minerve est la prudence, & Vénus la beauté.
Ce n'est plus la vapeur qui produit le tonnerre ;
C'est Jupiter armé pour effrayer la terre.
Un orage terrible aux yeux des matelots ;
170 C'est Neptune en courroux qui gourmande les flots.
Echo n'est plus un son qui dans l'air retentisse ;
C'est une Nymphe en pleurs qui se plaint de Narciss
Ainsi, dans cet amas de nobles fictions,
Le poëte s'egaye en mille inventions,
175 Orne, eleve, embellit, agrandit toutes choses ;
Et trouve sous sa main des fleurs toujours écloses.

Qu'Enée & ses vaisseaux par le vent écartés
Soient aux bords Africains d'un orage emportés ;
Ce n'est qu'une aventure ordinaire & commune,
180 Qu'un coup peu surprenant des traits de la fortune.

Mais que Junon constante en son aversion,
Poursuive sur les flots les restes d'Ilion ;
Qu'Eole, en sa faveur, les chassant d'Italie,
Ouvre aux vents mutinés les prisons d'Eolie ;
185 Que Neptune en courroux, s'elevant sur la mer,
D'un mot, calme les flots, mette la paix dans l'air,
Delivre les vaisseaux, des Syrtes les arrache ;
C'est là ce qui surprend, frappe, saisit, attache.
Sans tous ces ornemens le vers tombe en langueur,
190 La poësie est morte, ou rampe sans vigueur :
Le poëte n'est plus qu'un orateur timide,
Qu'un froid historien d'une fable insipide.

C'est donc bien vainement que nos auteurs déçus,
Bannissant de leurs vers ces ornemens reçus,
195 Pensent faire agir Dieu, ses Saints, & ses Prophetes
Comme ces dieux éclos du cerveau des poëtes ;
Mettent à chaque pas le lecteur en enfer ;
N'offrent rien qu'Astaroth, Belzebuth, Lucifer.
De la foi d'un Chrétien les mysteres terribles
200 D'ornemens egayés, ne sont point susceptibles.

L'Evangile à l'esprit n'offre de tous côtés
Que penitence à faire, & tourmens mérités :
Et de vos fictions le mêlange coupable,
Même à ses vérités donne l'air de la fable.
205 Et quel objet enfin à présenter aux yeux,
Que le Diable toujours hurlant contre les cieux,
Qui de votre héros veut rabaisser la gloire,
Et souvent avec Dieu balance la victoire ?

Le Tasse, dira-t-on, l'a fait avec succès.
210 Je ne veux point ici lui faire son procès :
Mais quoi que notre siecle à sa gloire publie,
Il n'eut point de son livre illustré l'Italie,
Si son sage héros toujours en oraison,
N'eût fait que mettre enfin Sathan à la raison;
215 Et si Renaud, Argant, Tancrede & sa maîtresse
N'eussent de son sujet egayé la tristesse.
Ce n'est pas que j'approuve, en un sujet chrétien,
Un Auteur follement idolâtre & païen :
Mais dans une profane & riante peinture,
220 De n'oser de la fable employer la figure,

De chasser les Tritons de l'empire des eaux,
D'ôter à Pan sa flûte, aux Parques leurs ciseaux,
D'empêcher que Caron dans la fatale barque,
Ainsi que le berger, ne passe le monarque ;
225 C'est d'un scrupule vain s'alarmer sottement,
Et vouloit aux lecteurs plaire sans agrément.
Bientôt ils defendront de peindre la Prudence ;
De donner à Themis ni bandeau, ni balance,
De figurer aux yeux la Guerre au front d'airain,
230 Ou le Temps qui s'enfuit un horloge à la main :
Et par tout, des discours, comme une idolâtrie,
Dans leur faux zele, iront chasser l'Allégorie.
Laissons-les s'applaudir de leur pieuse erreur :
Mais pour nous, bannissons une vaine terreur,
235 Et, fabuleux Chrétiens, n'allons point dans nos songes
Du Dieu de vérité, faire un Dieu de mensonges.

La Fable offre à l'esprit mille agrémens divers.
Là tous les noms heureux semblent nés pour les vers
Ulysse, Agamemnon, Oreste, Idomenée,
240 Helene, Menelas, Paris, Hector, Enée.

O le plaisant projet d'un poëte ignorant,
Qui de tant de héros va choisir Childebrand [23] !
D'un seul nom quelquefois le son dur, ou bisarre
Rend un poëme entier, ou burlesque ou barbare.

245 Voulez-vous long-tems plaire, & jamais ne lasser
Faites choix d'un héros propre à m'intéresser,
En valeur éclatant, en vertus magnifique.
Qu'en lui, jusqu'aux défauts, tout se montre héroïque ;
Que ses faits surprenans soient dignes d'être ouïs ;
250 Qu'il soit tel que César, Alexandre, ou Louis,
Non, tel que Polynice & son perfide frere.
On s'ennuie aux exploits d'un conquérant vulgaire.

N'offrez point un sujet d'incidens trop chargé.
Le seul courroux d'Achille avec art ménagé
255 Remplit abondamment une Iliade entiere.
Souvent trop d'abondance appauvrit la matiere.

[23] Poëme de Sainte-Garde, qui avoit pour titre : *Les Sarrasins chassés de France.*

Soyez vif & pressé dans vos narrations.
Soyez riche & pompeux dans vos descriptions.
C'est là qu'il faut des vers étaler l'elégance.
260 N'y presentez jamais de basse circonstance.
N'imitez pas ce fou [24], qui décrivant les mers
Et peignant au milieu de leurs flots entr'ouverts
L'Hébreu sauvé du joug de ses injustes maîtres,
Met pour le voir passer les poissons aux fenêtres ;
265 Peint le petit enfant qui *va, saute, revient,*
Et joyeux à sa mere offre un caillou qu'il tient.
Sur de trop vains objets c'est arrêter la vue.
Donnez à votre ouvrage une juste etendue.

Que le début soit simple, & n'ait rien d'affecté.
270 N'allez pas dès l'abord, sur Pegase monté,
Crier à vos lecteurs, d'une voix de tonnerre,
Je chante [25] *le vainqueur des vainqueurs de la terre.*
Que produira l'auteur, après tous ces grands cris ?
La montagne en travail enfante une souris.

[24] Dans le *Moïse sauvé.*
[25] Premier vers du Poëme d'Alaric par M. de Scudéri.

275 O, que

275 O! que j'aime bien mieux cet auteur plein d'adress‹
 Qui sans faire d'abord de si haute promesse,
 Me dit, d'un ton aisé, doux, simple, harmonieux,
 Je chante les combats, & cet homme pieux
 Qui des bords Phrygiens conduit dans l'Ausonie,
280 *Le premier aborda les champs de Lavinie.*
 Sa muse en arrivant ne met pas tout en feu :
 Et pour donner beaucoup, ne nous promet que pe‹
 Bientôt vous la verrez, prodiguant les miracles,
 Du destin des Latins prononcer les oracles ;
285 De Styx, & d'Acheron peindre les noirs torrens,
 Et déja les Césars dans l'Elysée errans.

 DE FIGURES sans nombre egayez votre ouvrage.
 Que tout y fasse aux yeux une riante image.
 On peut être à la fois & pompeux & plaisant,
290 Et je hais un sublime ennuyeux & pesant.
 J'aime mieux Arioste & ses fables comiques,
 Que ces Auteurs toujours froids & mélancoliques,
 Qui dans leur sombre humeur se croiroient faire affro‹
 Si les Graces jamais leur déridoient le front.

Partie IV.   D

95   ON DIROIT que pour plaire, instruit par la Nature,
     Homere [26] ait à Vénus dérobé sa ceinture.
     Son livre est d'agrémens un fertile tresor.
     Tout ce qu'il a touché, se convertit en or.
     Tout reçoit dans ses mains une nouvelle grace.
00   Par tout il divertit, & jamais il ne lasse.
     Une heureuse chaleur anime ses discours.
     Il ne s'egare point en de trop longs détours.
     Sans garder dans ses vers un ordre methodique,
     Son sujet, de soi-même, & s'arrange & s'explique;
05   Tout, sans faire d'aprêts, s'y prepare aisément.
     Chaque vers, chaque mot court à l'evenement.
     Aimez donc ses ecrits, mais d'un amour sincere:
     C'est avoir profité que de savoir s'y plaire.

     UN POEME excellent où tout marche, & se suit,
10   N'est pas de ces travaux qu'un caprice produit.
     Il veut du temps, des soins; & ce penible ouvrage
     Jamais d'un ecolier ne fut l'apprentissage.

[26]. Iliad XIV.

Mais souvent parmi nous un poëte sans art,
Qu'un beau feu quelquefois echauffa par hasard,
315 Enflant d'un vain orgueil son esprit chimérique,
Fierement prend en main la trompette héroïque.
Sa muse dereglée, en ses vers vagabonds,
Ne s'eleve jamais que par sauts & par bonds ;
Et son feu dépourvu de sens & de lecture,
320 S'eteint à chaque pas, faute de nourriture.
Mais en vain le public prompt à le mépriser
De son mérite faux le veut desabuser ;
Lui-même applaudissant à son maigre genie,
Se donne pas ses mains l'encens qu'on lui denie.
325 Virgile, au prix de lui, n'a point d'invention;
Homere n'entend point la noble fiction.
Si contre cet arrêt le siecle se rebelle,
A la postérité d'abord il en appelle.
Mais attendant qu'ici le bon sens de retour
330 Ramene triomphans ses ouvrages au jour,
Leurs tas au magasin, cachés à la lumiere,
Combattent tristement les vers & la poussiere.

Laissons-les donc entre eux s'escrimer en repos,
Et sans nous égarer suivons notre propos.

5 Des succès fortunés du Spectacle tragique,
Dans Athènes naquit la Comédie antique.
Là, le Grec né moqueur, par mille jeux plaisans
Distila le venin de ses traits médisans.
Aux accès insolens d'une boufonne joie,
10 La sagesse, l'esprit, l'honneur furent en proie.
On vit, par le public un poëte avoué
S'enrichir aux dépens du mérite joué,
Et Socrate par lui dans *un Chœur de Nuées* [27],
D'un vil amas de peuple attirer les huées.
15 Enfin de la licence on arrêta le cours:
Le Magistrat, des loix emprunta le secours;
Et rendant par edit les poëtes plus sages,
Defendit de marquer les noms, ni les visages.
Le Théatre perdit son antique fureur.
20 La Comédie apprit à rire sans aigreur,

[27] Comédie d'Aristophane.

Sans fiel & sans venin sut instruire & reprendre,
Et plût innocemment [28] dans les vers de Ménandre
Chacun, peint avec art dans ce nouveau miroir,
S'y vit avec plaisir, ou crût ne s'y point voir.
355 L'avare, des premiers, rit du tableau fidele
D'un avare souvent tracé sur son modele ;
Et mille fois un fat finement exprimé
Meconnut le portrait sur lui-même formé.

Que la nature donc soit votre etude unique,
360 Auteurs, qui pretendez aux honneurs du Comique.
Quiconque voit bien l'homme, & d'un esprit profon
De tant de cœurs cachés a penetré le fond ;
Qui sait bien ce que c'est qu'un prodigue, un avare
Un honnête homme, un fat, un jaloux, un bisarre,
365 Sur une scène heureuse, il peut les etaler,
Et les faire, à nos yeux, vivre, agir & parler.
Presentez-en par tout les images naïves.
Que chacun y soit peint des couleurs les plus vives.

[28] Sans nuire, sans dé-   Voy. la Poet. d'Arist. ch.
chirer les particuliers.   5. n°. 2 & la Remarque.

La nature, feconde en bisarres portraits,
370 Dans chaque ame est marquée à de differens trai[ts]
Un geste la découvre, un rien la fait paroître:
Mais tout esprit n'a pas des yeux pour la connoîtr[e]

Le temps qui change tout, change aussi nos hume[urs]
Chaque âge a ses plaisirs, son esprit & ses mœur[s]

375 Un jeune homme toujours bouillant dans ses capr[ices]
Est prêt à recevoir l'impression des vices;
Est vain dans ses discours, volage en ses desirs,
Rétif à la censure, & fou dans les plaisirs.

L'Âge viril plus mûr, inspire un air plus sage,
380 Se pousse auprès des Grands, s'intrigue, se ména[ge]
Contre les coups du sort songe à se maintenir,
Et loin dans le present regarde l'avenir.

La viellesse chagrine incessamment amasse;
Garde, non pas pour soi, les tresors qu'elle entass[e]
385 Marche en tous ses desseins d'un pas lent & glac[é]
Toujours plaint le present, & vante le passé;

Inhabile aux plaisirs dont la jeunesse abuse,
Blâme en eux les douceurs que l'âge lui refuse.

Ne faites point parler vos acteurs au hasard,
390 Un vieillard en jeune homme, un jeune homme en vieillard.

Etudiez la cour, & connoissez la ville.
L'une & l'autre est toujours en modeles fertile.
C'est par là que Moliere illustrant ses ecrits
Peut-être de son art eut remporté le prix,
395 Si, moins ami du peuple, en ses doctes peintures,
Il n'eût point fait souvent grimacer ses figures,
Quitté pour le bouffon, l'agreable & le fin,
Et sans honte à Terence allié Tabarin.
Dans ce sac ridicule où Scapin s'envelope,
400 Je ne reconnois plus l'Auteur du Misantrope.

Le Comique, ennemi des soupirs & des pleurs,
N'admet point en ses vers de tragiques douleurs:

Mais son emploi n'est pas d'aller dans une place,
De mots salés & bas charmer la populace.
405 Il faut que ses acteurs badinent noblement;
Que son nœud bien formé se dénoue aisément;
Que l'action marchant où la raison la guide,
Ne se perde jamais dans une scène vuide;
Que son style humble & doux se releve à propos;
410 Que ses discours, par tout fertiles en bons mots,
Soient pleins de passions finement maniées;
Et les scènes toujours l'une à l'autre liées.
Aux dépens du bon sens gardez de plaisanter.
Jamais de la nature il ne faut s'ecarter.
415 Contemplez de quel air, un pere dans Terence
Vient d'un fils amoureux gourmander l'imprudence;
De quel air cet amant ecoute ses leçons,
Et court chez sa maîtresse oublier ces chansons.
Ce n'est pas un portrait, une image semblable,
420 C'est un amant, un fils, un pere véritable.

J'AIME sur le théatre un agréable auteur
Qui, sans se diffamer aux yeux du spectateur,

Plaît par la raison seule, & jamais ne la choque.
Mais pour un faux plaisant à grossiere equivoque,
425 Qui pour me divertir n'a que la saleté;
Qu'il s'en aille, s'il veut, sur deux treteaux monté,
Amusant le Pont-neuf de ses sornettes fades,
Aux laquais assemblés jouer ses mascarades.

CHANT IV.

Dans Florence jadis vivoit un Medecin,
Savant hableur, dit-on, & celebre-assassin.
Lui seul y fit long-tems la publique misere.
Là, le fils orphelin lui redemande un pere :
5 Ici, le frere pleure un frere empoisonné.
L'un meurt vuide de sang, l'autre plein de sené.
Le rhume à son aspect se change en pleurésie ;
Et par lui la migraine est bientôt phrenésie.
Il quitte enfin la ville, en tous lieux detesté.
10 De tous ses amis morts un seul ami resté
Le mene en sa maison de superbe structure.
C'etoit un riche Abbé, fou de l'architecture.
Le Medecin d'abord semble né dans cet art ;
Déja de bâtiment parle comme Mansard [29].

---

[29] Fameux architecte, Surintendant des bâtimens du Roi, mort en 1666.

15 D'un salon qu'on eleve il condamne la face :
Au vestibule obscur il marque une autre place :
Approuve l'escalier tourné d'autre façon.
Son ami le conçoit & mande son maçon.
Le maçon vient, ecoute, approuve, & se corrige.
20 Enfin, pour abreger un si plaisant prodige,
Notre assassin renonce à son art inhumain,
Et desormais la regle & l'équerre à la main,
Laissant de Galien la science suspecte,
De mechant medecin devient bon architecte.

25 SON EXEMPLE est pour nous un precepte excellent.
Soyez plutôt maçon, si c'est votre talent,
Ouvrier estimé dans un art necessaire,
Qu'ecrivain du commun & poëte vulgaire.
Il est dans tout autre art des degrés différens;
30 On peut avec honneur remplir les seconds rangs :
Mais dans l'art dangereux de rimer & d'ecrire,
Il n'est point de degrés du médiocre au pire.
Qui dit froid ecrivain, dit detestable auteur,
Boyer est à Pinchêne egal pour le lecteur.

35 On ne lit gueres plus Rampale & Menardiere
Que Magnon, Dusouhait, Corbin & la Morliere.
Un fou du moins fait rire, & peut nous egayer :
Mais un froid ecrivain ne sait rien qu'ennuyer.
J'aime mieux Bergerac [30] & sa burlesque audace,
40 Que ces vers où Motin se morfond & nous glace.

Ne vous ennivrez point des eloges flatteurs
Qu'un amas quelquefois de vains admirateurs
Vous donne en ces reduits, prompts à crier, merveille
Tel ecrit récité se soutient à l'oreille,
45 Qui dans l'impression au grand jour se montrant,
Ne soutient pas des yeux le regard penetrant.
On sait de cent auteurs l'aventure tragique :
Et Gombaut tant loué garde encor la boutique.

Ecoutez tout le monde, assidu consultant.
50 Un fat quelquefois ouvre un avis important.
Quelques vers toutefois qu'Apollon vous inspire,
En tous lieux aussi-tôt ne courez pas les lire.

[30] Auteur du voyage dans la lune.

Gardez-vous d'imiter ce rimeur furieux
Qui de ses vains écrits lecteur harmonieux
55 Aborde en récitant quiconque le salue,
Et poursuit de ses vers les passans dans la rue.
Il n'est temple si saint, des Anges respecté,
Qui soit contre sa muse un lieu de sûreté.

Je vous l'ai déja dit, aimez qu'on vous censure;
60 Et souple à la raison corrigez sans murmure.
Mais ne vous rendez pas dès qu'un sot vous reprend.

Souvent dans son orgueil un subtil ignorant
Par d'injustes dégoûts combat toute une piece,
Blâme des plus beaux vers la noble hardiesse.
65 On a beau réfuter ses vains raisonnemens;
Son esprit se complaît dans ses faux jugemens:
Et sa foible raison, de clarté depourvue,
Pense que rien n'echappe à sa debîle vue.
Ses conseils sont à craindre; & si vous les croyez,
70 Pensant fuir un ecueil, souvent vous vous noyez.

FAITES choix d'un Censeur solide & salutaire;
Que la raison conduise, & le savoir eclaire;
Et dont le crayon sûr d'abord aille chercher
L'endroit que l'on sent foible, & qu'on se veut cacher
75 Lui seul eclaircira vos doutes ridicules,
De votre esprit tremblant levera les scrupules.
C'est lui qui vous dira, par quel transport heureux,
Quelquefois dans sa course un esprit vigoureux
Trop resserré par l'art, sort des regles prescrites,
80 Et de l'art même apprend à franchir leurs limites.
Mais ce parfait Censeur se trouve rarement.
Tel excelle à rimer qui juge sottement.
Tel s'est fait par ses vers distinguer dans la ville,
Qui jamais de Lucain n'a distingué Virgile [31].

85 AUTEURS, prêtez l'oreille à mes instructions.
Voulez-vous faire aimer vos riches fictions ?
Qu'en savantes leçons votre muse fertile
Par tout joigne au plaisant le solide & l'utile.

[31] Malherbe preferoit Stace à tous les autres poëtes latins.

Un lecteur sage fuit un vain amusement,
90 Et veut mettre à profit son divertissement.
Que votre ame & vos mœurs, peintes dans vos ouvrages
N'offrent jamais de vous que de nobles images.
Je ne puis estimer ces dangereux auteurs,
Qui de l'honneur en vers infâmes deserteurs,
95 Trahissant la vertu sur un papier coupable,
Aux yeux de leurs lecteurs rendent le vice aimable.

Je ne suis pas pourtant de ses tristes esprits
Qui bannissant l'amour de tous chastes ecrits,
D'un si riche ornement veulent priver la scène,
100 Traitent d'empoisonneurs & Rodrigue & Chimene.
L'amour le moins honnête exprimé chastement,
N'excite point en nous de honteux mouvement.
Didon a beau gemir & m'etaler ses charmes ;
Je condamne sa faute, en partageant ses larmes.

105 Un Auteur vertueux dans ses vers innocens
Ne corrompt point le cœur en chatouillant les sens:

Son feu n'allume point de criminelle flamme.
Aimez donc la vertu, nourrissez-en votre ame.
En vain l'esprit est plein d'une noble vigueur,
110 Le vers se sent toujours des bassesses du cœur.

Fuyez sur-tout, fuyez ces basses jalousies,
Des vulgaires esprits malignes phrenesies.
Un sublime ecrivain n'en peut être infecté :
C'est un vice qui suit la mediocrité.
115 Du merite eclatant cette sombre rivale
Contre lui chez les grands incessamment cabale,
Et sur les pieds en vain tâchant de se hausser,
Pour s'egaler à lui cherche à le rabaisser.
Ne descendons jamais dans ces lâches intrigues.
120 N'allons point à l'honneur par de honteuses brigue.

Que les vers ne soient pas votre eternel emploi.
Cultivez vos amis, soyez homme de foi.
C'est peu d'être agreable & charmant dans un livre ;
Il faut savoir encore & converser & vivre.

125 Travaillez

125 Travaillez pour la gloire, & qu'un sordide gain
Ne soit jamais l'objet d'un illustre ecrivain.
Je sais qu'un noble esprit peut sans honte & sans crime
Tirer de son travail un tribut legitime :
Mais je ne puis souffrir ces auteurs renommés
130 Qui dégoûtés de gloire, & d'argent affamés,
Mettent leur Apollon aux gages d'un Libraire,
Et font d'un art divin un metier mercenaire.

Avant que la Raison, s'expliquant par la voix,
Eût instruit les humains, eût enseigné des loix :
135 Tous les hommes suivoient la grossiere nature,
Dispersés dans les bois, couroient à la pâture.
La force tenoit lieu de droit & d'équité :
Le meurtre s'exerçoit avec impunité.
Mais du discours enfin l'harmonieuse adresse
140 De ces sauvages mœurs adoucit la rudesse ;
Rassembla les humains dans les forêts epars ;
Enferma les cités de murs & de remparts ;
De l'aspect du supplice effraya l'insolence,
Et sous l'appui des loix mit la foible innocence.

IV. Partie.

145 Cet ordre fut, dit-on, le fruit des premiers vers.
De là sont nés ces bruits reçus dans l'univers,
Qu'aux accens, dont Orphée emplit les monts de Thrace,
Les tigres amollis dépouilloient leur audace ;
Qu'aux accords d'Amphion les pierres se mouvoient,
150 Et sur les murs Thebains en ordre s'elevoient.
L'harmonie, en naissant, produisit ces miracles.
Depuis, le Ciel en vers fit parler les Oracles.
Du sein d'un prêtre emu d'une divine horreur,
Apollon par des vers exhala sa fureur.
155 Bientôt, ressuscitant les héros des vieux âges,
Homere aux grands exploits anima les courages :
Hésiode à son tour, par d'utiles leçons,
Des champs trop paresseux vint hâter les moisson
En mille ecrits fameux la sagesse tracée
160 Fut à l'aide des vers aux mortels annoncée,
Et partout, des esprits ses preceptes vainqueurs,
Introduits par l'oreille entrerent dans les cœurs.

Pour tant d'heureux bienfaits les Muses reverées
Furent d'un juste encens dans la Grece honorées,
165 Et leur art, attirant le culte des mortels,
A sa gloire en cent lieux vit dresser des autels.
Mais enfin, l'indigence amenant la bassesse,
Le Parnasse oublia sa premiere noblesse.
Un vil amour du gain infectant les esprits,
170 De mensonges grossiers souilla tous les ecrits,
Et par tout enfantant mille ouvrages frivoles,
Trafiqua du discours, & vendit les paroles.

Ne vous fletrissez point par un vice si bas.
Si l'or seul a pour vous d'invincibles appas,
175 Fuyez ces lieux charmans, qu'arrose le Permesse.
Ce n'est point sur ses bords qu'habite la richesse.
Aux plus savans auteurs, comme aux plus grands
    Guerriers,
Apollon ne promet qu'un nom & des lauriers.

Mais, quoi? dans la disette une Muse affamée
180 Ne peut pas, dira-t on, subsister de fumée.

Un auteur, qui, pressé d'un besoin importun,
Le soir entend crier ses entrailles à jeun,
Goûte peu d'Helicon les douces promenades.
Horace a bu son soû, quand il voit les Ménades,
185 Et, libre du souci qui trouble Colletet,
N'attend pas pour dîner le succès d'un sonnet.

Il est vrai, mais enfin cette affreuse disgrace
Rarement parmi nous afflige le Parnasse.
Et que craindre en ce siecle, où toujours les beaux arts
190 D'un astre favorable eprouvent les regards;
Où d'un Prince eclairé la sage prevoyance
Fait par tout au merite ignorer l'indigence?

Muses, dictez sa gloire à tous vos nourrissons.
Son nom vaut mieux pour eux que toutes vos leço
195 Que Corneille, pour lui rallumant son audace,
Soit encor le Corneille & du Cid & d'Horace.
Que Racine enfantant des miracles nouveaux,
De ses héros sur lui forme tous les tableaux.

Que de son nom chanté par la bouche des belles,
100 Benserade [32] en tous lieux amuse les ruelles.
Que Segrais dans l'Eglogue en charme les forêts.
Que pour lui l'Epigramme aiguise tous ses traits.
Mais quel heureux auteur, dans une autre Eneïde,
Aux bords du Rhin tremblant conduira cet Alcide ?
105 Quelle savante lyre, au bruit de ses exploits,
Fera marcher encor les rochers & les bois ;
Chantera le Batave eperdu dans l'orage,
Soi-même se noyant, pour sortir du naufrage ;
Dira les bataillons sous Mastricht enterrés,
110 Dans ces affreux assauts du soleil eclairés ?

Mais tandis que je parle, une gloire nouvelle
Vers ce vainqueur rapide, aux Alpes vous appelle.
Déjà [33] Dole & Salins, sous le joug ont ployé ;
Besançon fume encor sur son roc foudroyé.
115 Où sont ces grands guerriers, dont les fatales ligues
Devoient à ce torrent opposer tant de digues ?

[32] Poëte galant du sie-   [33] Dole, Salins, Besan-
cle de Louis XIV.   çon, pris en 1674.

Est-ce encore en fuyant qu'ils pensent l'arrêter,
Fiers du honteux honneur d'avoir su l'eviter?
Que de remparts detruits! que de villes forcées!
220 Que de moissons de gloire, en courant, amassées!

Auteurs, pour les chanter, redoublez vos transports.
Le sujet ne veut pas de vulgaires efforts.

Pour moi, qui jusqu'ici nourri dans la satire,
N'ose encor manier la trompette & la lyre,
225 Vous me verrez pourtant dans ce champ glorieux,
Vous animer du moins de la voix & des yeux:
Vous offrir ces leçons que ma muse au Parnasse
Rapporta, jeune encor, du commerce d'Horace;
Seconder votre ardeur, echauffer vos esprits,
230 Et vous montrer de loin la couronne & le prix.

Mais aussi pardonnez si, plein de ce beau zele,
De tous vos pas fameux observateur fidele,

Quelquefois du bon or je separe le faux ;
Et des auteurs grossiers j'attaque les defauts,
235 Censeur un peu fâcheux, mais souvent necessaire,
Plus enclin à blâmer, que savant à bien faire.

F I N.

REMARQUES
SUR LA POÉTIQUE
DE DESPRÉAUX.

CHANT I.

Vers 12. *Consultez votre esprit & vos forces*] Ces douze premiers vers renferment un principe fondamental, qui doit servir de regle à tous ceux qui forment quelque entreprise : c'est de s'assurer auparavant, s'ils ont le talent de la chose qu'ils entreprennent, *Tu nihil invitâ dices faciesve Minervâ*.

V. 39. *La plûpart emportés*] Il n'y a pas un de ces dix vers qui ne doive être médité par tous ceux qui ecrivent. Plusieurs dédaignent ce qui est naturel, & preferent un brillant factice à des beautés solides. La raison, qu'ils ne savent peut-être pas, est que communément il est plus aisé d'eblouir que d'eclairer. Il y a même dans les choses d'esprit, un certain méchanisme, qu'on prend souvent pour du talent, & qui n'est qu'un tour d'imagination, ou plutôt une imitation mesquine du talent. On s'accoutume à risquer des idées bizarres ; à prendre les choses à contre-sens, à rapprocher des disparates, qui etincellent par le choc ; à accoupler les mots d'une maniere etrange ; à tourner ses pensées en pointes, en enigmes : on croit que c'est du génie, ce n'est souvent qu'un pli d'habitude, une maniere de faire. Le public n'en est pas longtemps dupe : & si, dans certains siecles, il a paru s'occuper d'ouvrages frivoles, il n'a jamais manqué de rendre justice aux compositions solides.

V. 48. *La raison n'a souvent qu'une voie*] De deux manieres, toutes deux bonnes, il y en a toujours une, qui, toutes choses egales d'ailleurs, vaut mieux que l'autre. Ce que le poëte dit de la Raison doit aussi s'entendre du Goût.

V. 80. *Quoi que vous ecriviez, evitez la bas-*

sesse] Tout homme qui ecrit doit ecrire pour les honnêtes gens ; par conséquent il ne doit leur rien offrir, qui n'ait une certaine dignité. La Fontaine qui est dans le genre le plus simple, n'est jamais bas.

V. 133. *D'un mot mis en sa place enseigna le pouvoir*] Ce vers est d'un grand sens. Déplacez un mot dans une phrase bien faite, c'est déplacer un œil dans un visage. C'est pour cela qu'il est essentiel, quand on traduit, de ne point déplacer les idées; & quand on ecrit, de les mettre où la nature, je veux dire l'intérêt de celui qui parle, demande qu'elles soient.

Chant II.

Vers 6. *Une elegante Idylle*] On peut définir la Poësie pastorale, *Une imitation en vers de la vie champêtre, representée avec tous ses charmes possibles.* On donne aux petits poëmes, dans le genre pastoral, le nom d'*Eglogue*, quelquefois aussi on les nomme *Idylles.* Les auteurs confondent assez souvent ces deux dénominations. Il semble toutefois que l'usage veut plus d'action, plus de mouvement dans l'Eglogue; & que dans l'Idylle on se contente d'y trouver des images pastorales, des recits, un sentiment.....

V. 58. *L'Ode avec plus d'eclat*] La Poësie lyrique en general est faite pour être mise en chant. C'est pour cela qu'elle a été appelée *lyrique*, parce que, quand on la chantoit, la lyre accompagnoit la voix. Le mot *Ode* a la même origine, & signifie, *chant*, *chanson*, *hymne*, *cantique*. Il suit de-là que la Musique & la Poësie lyrique ont les mêmes objets à exprimer. Si donc la Musique est l'expression des sentimens par les sons inarticulés, la Poësie lyrique ou musicale, fera l'expression des mêmes sentimens par les mots. Qu'on ajoute à cette expression un genre de versification, dont le rhythme & les metres soient chantans, on aura une definition complete de la Poësie lyrique.

V. 69. *Qui mollement resiste*] C'est la traduction de ces vers d'Horace, Od. II. 12.

Dum fragantia detorquet ad oscula
Cervicem, aut facili sævitiâ negat
Quæ poscente magis gaudeat eripi.

V. 84. *Du Sonnet les rigoureuses loix*] Despréaux trace ici les regles du Sonnet, avec tant d'exactitude, qu'il suffira de donner un exemple de ce petit poëme: celui de Des-Barreaux est fameux:

1. *Quatrain.*

Grand Dieu, tes jugemens sont remplis d'equité.
Toujours tu prends plaisir à nous être propice,
Mais j'ai tant fait de mal que jamais ta bonté
Ne me pardonnera qu'en blessant ta justice.

2. *Quatrain.*

Oui, Seigneur, la grandeur de mon impieté
Ne laisse à ton pouvoir que le choix du supplice.
Ton intérêt s'oppose à ma felicité,
Et ta clémence même attend que je périsse.

1. *Tercet.*

Contente ton desir, puisqu'il t'est glorieux,
Offense-toi des pleurs qui coulent de mes yeux,

Tonne, frappe, il est temps, rends-moi guerre
  pour guerre.

2. *Tercet.*

J'adore, en périssant, la raison qui t'aigrit,
Mais dessus quel endroit tombera ton tonnerre
Qui ne soit tout couvert du sang de Jesus-Christ?

V. 104. *L'Epigramme plus libre*] Il suffisoit autrefois, que l'Epigramme fût ce que doit être l'Inscription, c'est-à-dire, qu'elle renfermât un sens juste, simplement & brievement exprimé. *Epigramme* en grec est le même mot qu'*Inscription* en françois. Aujourd'hui on veut que l'Epigramme soit terminée par une pointe, c'est-à-dire, par un trait qui ait quelque chose de vif & de piquant. Despréaux estimoit singulierement celle-ci :

Ci-gît, ma femme, ah, qu'elle bien !
Pour son repos, & pour le mien.

V. 111. *Le Madrigal d'abord en fut enveloppé*] Despréaux dans les douze vers qui suivent, exprime dix fois la même chose avec des verbes différens.

V. 140. *Le Rondeau né Gaulois*] Le Rondeau est composé de treize vers avec deux refrains. Les vers sont sur deux rimes, dont huit masculines & cinq feminines, ou sept masculines & six feminines. Le premier refrain est après le huitieme vers, & le dernier après le treizieme. Outre cela il y a un repos necessaire, après le cinquieme vers. En voici un exemple qui contient ces regles mêmes :

Ma foi c'est fait de moi, car Isabeau
M'a conjuré de lui faire un Rondeau.
Cela me met dans une peine extrême.
Quoi, treize vers, huit en *eau*, cinq en *eme*
Je lui ferois aussi-tôt un bateau.
En voila cinq pourtant en un monceau.
Faisons-en huit en invoquant Brodeau,
Et puis mettons, par quelque stratagême
  Ma foi c'est fait.
Si je pouvois encor de mon cerveau
Tirer cinq vers, l'ouvrage seroit beau.
Mais cependant me voila dans l'onzieme
Et si je crois que je fais le douzieme,
En voila treize ajustés au niveau :
  Ma foi c'est fait.

Le refrain doit toujours être lié avec la pensée qui precede, & en terminer le sens d'une maniere qui soit naturelle : il plaît surtout quand avec ces mêmes mots, il donne des idées différentes.

V. 143. *Le Madrigal plus simple*] Le Madrigal differe de l'Epigramme par le caractere de la pensée. Celle de l'Epigramme est toujours vive, quelquefois mordante & maligne. Le Madrigal est toujours une pensée douce, gracieuse, qui n'a de piquant que ce qu'il lui en faut pour n'être pas fade. En voici une de Pradon :

> Vous n'ecrivez que pour ecrire
> C'est pour vous un amusement.
> Moi qui vous aime tendrement
> Je n'ecris que pour vous le dire.

CHANT III.

VERS 1. Voyez Aristote Poët. chap. IV ; n°. 1.

V. 27. *Que dès les premiers vers*] Chez

les anciens poëtes dramatiques le Prologue contenoit l'exposition du sujet; chez les modernes, il est renfermé dans le premier acte. „ Je „ reduis ce prologue, dit Corneille, (Disc. „ 1. sur le Poëme dramatique) à notre pre- „ mier acte, suivant l'intention d'Aristote. „ Et pour suppléer, en quelque façon, à ce „ qu'il ne nous a pas dit, ou que les années „ nous ont dérobé de son livre, je dirai qu'il „ doit contenir les semences de tout ce qui „ doit arriver, tant pour l'action principale „ que pour les episodiques ; en sorte qu'il „ n'entre aucun acteur, dans les actes suivans, „ qu'il ne soit connu par ce premier, ou du „ moins appelé par quelqu'un qui y aura été „ introduit. Cette maxime est nouvelle & „ assez severe ; je ne l'ai pas toujours gardée ; „ mais j'estime qu'elle sert beaucoup à fon- „ der une veritable unité d'action, par la liai- „ son de toutes celles qui concourent dans le „ poëme. Les anciens s'en sont fort ecartés, „ particulierement dans les *agnitions*, pour „ lesquelles ils se sont presque toujours servi „ de gens qui survenoient par hasard au cin- „ quieme acte... Tel est ce vieillard de
„ Corinthe

« Corinthe dans l'Œdipe de Sophocle & de
» Seneque, où il semble tomber des nues,
» par miracle, en un temps où les acteurs ne
» sauroient plus par où en prendre, ni quelle
» posture tenir, s'il arrivoit une heure plus
» tard....Je voudrois donc que le premier acte
» contînt le fondement de toutes les actions,
» & fermât la porte à tout ce qu'on voudroit
» introduire d'ailleurs dans le reste de ce
» poëme ».

V. 45. *Qu'en un lieu...*] Ces deux vers renferment la regle des trois unités, celle de l'intégrité de l'action, & celle de sa continuité. Commençons par l'unité de lieu. » Je n'en
» trouve, dit Corneille, aucun precepte ni
» dans Aristote, ni dans Horace. C'est ce qui
» porte quelques-uns à croire que la regle ne
» s'en est etablie qu'en conséquence de l'uni-
» té du jour, & à se persuader ensuite qu'on
» le peut etendre, jusqu'où un homme peut
» aller & revenir en vingt-quatre heures. Cette
» opinion est un peu licentieuse : & si on fai-
» soit aller un acteur en poste, les deux côtés
» du théatre pourroient representer Paris &

„ Rouen. Je souhaiterois, pour ne point gê-
„ ner du tout le spectateur, que ce qu'on
„ fait representer devant lui en deux heures,
„ se pût passer en effet en deux heures, &
„ que ce qu'on lui fait voir sur un théatre
„ qui ne change point, pût s'exécuter dans
„ une chambre, ou dans une salle, suivant le
„ choix qu'on en auroit fait. Mais souvent
„ cela est si mal-aisé, pour ne pas dire im-
„ possible, qu'il faut de necessité trouver quel-
„ que elargissement pour le lieu, comme
„ pour le temps.... Nos Anciens qui faisoient
„ parler leurs rois en place publique, don-
„ noient aisément l'unité rigoureuse de lieu
„ à leurs tragédies. Sophocle toutefois ne l'a
„ pas observée dans son Ajax, qui sort du
„ théatre, afin de chercher un lieu ecarté pour
„ se tuer, & s'y tue à la vue du peuple....
„ Nous ne prenons pas la même liberté de
„ tirer les Rois & les Princesses de leurs ap-
„ partemens: & comme souvent la différen-
„ ce & l'opposition des intérêts de ceux qui
„ sont logés dans le même palais ne souffrent
„ pas qu'ils fassent leurs confidences en même
„ chambre, il nous faut chercher quelque

» autre accommodement pour l'unité de lieu...
» Je tiens donc qu'il faut chercher cette uni-
» té exacte, autant qu'il est possible. Mais,
» comme elle ne s'accorde pas avec toutes
» sortes de sujets, j'accorderois très-volon-
» tiers que ce qu'on feroit se passer en une
» seule ville auroit l'unité de lieu.... Ainsi
» la scène de Cinna ne sort point de Rome,
» & est tantôt l'appartement d'Auguste dans
» son palais, & tantôt la maison d'Emilie....
» Pour rectifier en quelque façon cette dupli-
» cité de lieu, je voudrois qu'on fît deux
» choses : l'une qu'on ne changeât jamais dans
» le même acte, mais seulement de l'un à
» l'autre, comme il se fait dans les trois pre-
» miers de Cinna : l'autre, que ces deux
» lieux n'eussent pas besoin de diverses dé-
» corations, & qu'aucun des deux ne fût ja-
» mais nommé, mais seulement le lieu gé-
» néral, comme Paris, Rome, Lyon, Cons-
» tantinople, &c. cela aideroit à tromper l'au-
» diteur ».

Ibid. *Qu'en un jour*] La regle de l'unité de jour a son fondement sur ce mot d'Aristote, *Que la Tragédie doit renfermer la durée de son action dans un tour de soleil, ou tâcher de ne le passer pas de beaucoup.* » Ces paroles, » dit Corneille, donnent lieu à cette dispu- » te fameuse, si elles doivent être entendues » d'un jour naturel de 24 heures, ou d'un » jour artificiel de 12. Ce sont des opinions » dont chacune a des partisans considérables. » Pour moi je trouve qu'il y a des sujets » si mal-aisés à renfermer en si peu de temps, » que non-seulement je leur accorderois les » 24 heures entieres, mais je me servirois » même de la licence que donne ce philoso- » phe de les exceder un peu, & les pousse- » rois sans scrupule jusqu'à trente.... Beau- » coup déclament contre cette regle qu'ils » nomment tyrannique, & auroient raison, » si elle n'étoit fondée que sur l'autorité d'A- » ristote : mais ce qui la doit faire accepter, » c'est la raison naturelle, qui lui sert d'ap- » pui. Le Poëme dramatique est une imita- » tion, ou pour mieux parler, un portrait des » actions des hommes ; or il est hors de dou- » te que les portraits sont d'autant plus excel- » lens, qu'ils ressemblent mieux à l'original.

» La representation dure deux heures, & res-
» sembleroit parfaitement, si l'action qu'elle
» represente n'en demandoit pas davantage
» pour sa réalité. Ainsi ne nous arrêtons point
» ni aux douze, ni aux vingt-quatre heures ;
» mais resserrons l'action du poëme dans la
» moindre durée qui nous sera possible, afin
» que sa representation ressemble mieux, &
» soit plus parfaite.... Si nous ne pouvons
» la renfermer dans ces deux heures, pre-
» nons-en quatre, six, dix ; mais ne passons
» pas de beaucoup les vingt-quatre, de peur
» de reduire tellement le portrait en petit,
» qu'il n'ait plus ses dimensions proportion-
» nelles, & ne soit qu'imperfection... Quand
» nous prenons un tems plus long, comme
» de dix heures, je voudrois que les huit qu'il
» faut prendre, se consumassent dans les
» intervalles des actes, & que chacun des actes
» n'eût en son particulier que ce que la re-
» presentation en consume.... J'estime toute-
» fois que le cinquieme acte par un privile-
» ge particulier, a quelque droit de presser
» un peu le temps, en sorte que la part de
» l'action qu'il represente en tienne davan-

„ tage qu'il n'en faut pour sa representation.
„ La raison est que le spectateur est alors dans
„ l'impatience de voir la fin, & que quand
„ elle dépend d'acteurs qui sont sortis du théâ-
„ tre, tout l'entretien qu'on donne à ceux
„ qui y demeurent en attendant de leurs nou-
„ velles, ne fait que languir, & semble de-
„ meurer sans action ". *III. Disc.*

Ibib. *Un seul fait*] C'est-à-dire, *une seule
action.* „ Ce mot *unité d'action* ne veut pas
„ dire, (c'est toujours Corneille qui parle)
„ que la Tragédie ne doive faire voir qu'une
„ action sur le théatre. Celle que le poëte
„ choisit pour son sujet doit avoir un com-
„ mencement, un milieu & une fin; & ces
„ trois parties, non-seulement, sont autant
„ d'actions qui aboutissent à la principale;
„ mais en outre chacune d'elles en peut con-
„ tenir plusieurs avec la même subordina-
„ tion ". Pour eviter la confusion des idées,
on observera ici que le mot d'*action* peut se
prendre dans un sens très-étendu pour tout
acte, ou mouvement, emané de notre volonté:
Prends un siege Cinna, est un acte de la vo-

bonté d'Auguste qui commande : *soyons amis Cinna*, est un acte de generosité. En ce sens non-seulement tout acte, mais toute scène, tout mouvement dans les scènes, est action. Mais en poëtique le mot *Action* se prend dans un sens plus restreint, pour l'action qui a *un commencement*, ou des apprêts, *un milieu*, ou des efforts, *une fin*, ou un achevement. Les autres actions sont des mouvemens instantanées, ou des actions subordonnées à une autre action : l'action poëtique a une certaine etendue, & n'est subordonnée à aucune autre action : c'est ce qu'Aristote a marqué avec la plus grande précision dans le Chap. 7 de sa Poëtique. Revenons à Corneille : ,, Sur-tout,
,, ajoute-t-il, le Poëte doit se souvenir que
,, ces actions subordonnées doivent avoir une
,, telle liaison ensemble que les dernieres
,, soient produites par celles qui les precedent,
,, & que toutes aient leur source dans la pro-
,, tase (proposition) qui doit fermer le pre-
,, mier acte. .... *Il y a grande différence*, dit
,, Aristote, *entre les evenemens qui viennent
,, les uns après les autres, & ceux qui vien-
,, nent les uns à cause des autres.* Les Maures

„ viennent dans le Cid après la mort du
„ Comte, & non pas à cause de la mort du
„ Comte „.

Ibid. *Un fait accompli*] „ La Tragédie &
„ la Comédie ont cela de commun, que leur
„ action doit être complette & achevée; c'est-
„ à-dire, que dans l'evenement qui la ter-
„ mine, le spectateur doit être si bien instruit
„ des sentimens de tous ceux qui y ont eu
„ quelque part, qu'il sorte l'esprit en re-
„ pos, & ne soit en doute de rien. Cinna
„ conspire contre Auguste; sa conspiration
„ est découverte, Auguste le fait arrêter. Si
„ le poëme en demeuroit là, l'action ne se-
„ roit pas complette, parce que l'auditeur
„ sortiroit dans l'incertitude de ce que cet
„ Empereur auroit ordonné de cet ingrat fa-
„ vori.... Auguste lui pardonne, l'auditeur
„ n'a plus rien à demander, & sort satisfait,
„ parce que l'action est complette. Corneil.
Disc. 1, *pag.* 11. Voyez aussi Arist. Chap. 7.

V. 46. *Tienne jusqu'à la fin le théatre rempli*] Cette partie demande beaucoup d'art &

de génie ; on en voit le modele dans Phedre, dans Polieucte, dans Zaïre. Ce n'est pas que tout y soit plein de la même maniere. Il y a des scènes essentielles, & nécessaires ; il y en a qui ne sont que vraisemblables & dont on pourroit se passer ; mais les Poëtes ont eu soin de couvrir les endroits foibles, & d'y mettre tant de liaisons artificielles, que le spectateur ne sent point que les naturelles y manquent. La regle des cinq actes, etend presque toujours une action au-delà de sa mesure naturelle. C'est à l'art à remplir les vuides.

La *liaison* des scènes entre elles, tient à la continuité. Nous rapporterons les paroles de Corneille sur ce point au vers 412.

V. 48. *Le vrai peut quelquefois n'être pas vraisemblable*] Corneille n'est pas tout-à-fait du même avis que Despréaux : » Lorsque les » choses sont vraies, dit-il, il ne faut point » se mettre en peine de la vraisemblance : *Tout ce qui s'est fait, a pu manifestement se faire*, dit Aristote, *parce que s'il ne s'etoit pas pu faire, il ne se seroit pas fait.* » Ce que nous » ajoutons à l'histoire, (c'est-à-dire, ce qui est

" feint) n'a pas cette prerogative, c'est pour-
" quoi nous avons besoin de la vraisemblan-
" ce la plus exacte qu'il est possible, pour le
" rendre croyable. Il est parlé du vraisemblable & de ses especes dans les Remarques sur Aristote, pag. 245.

V. 56. *Se débrouille sans peine*] C'est le dénouement, qui doit se faire par des moyens vraisemblables & naturels, comme dans l'Œdipe de Sophocle, dans Phedre, Cinna, Polieucte, &c.

V. 59. *D'un secret la vérité connue*] C'est ce qu'on appelle en terme d'art *Reconnoissance*, ou *Agnition*, comme dit Corneille. Ces reconnoissances donnent lieu aux révolutions subites qu'on appelle *Péripeties*.

V. 124. *D'un nouveau personnage*] On a vu cette doctrine dans Horace,

Si quid inexpertum scenæ committis, & audes
Personam formare novam; servetur ad imum,
Qualis ab incœpto processerit. Art poët. v. 125.

V. 160. *D'un air plus grand encor la Poësie Epique*] D'après la description qu'en fait ici Despréaux on peut définir le Poëme Epique, *le Recit Poëtique d'une action héroïque & merveilleuse*: c'est un *Recit*, non un spectacle : il est *Poëtique*, non historique, c'est-à-dire, qu'il emploie la fiction comme la vérité, & qu'il parle en vers & non en prose. C'est le recit *d'une action*, non la peinture d'une passion ; cette action est *une*, non double, ni composée de plusieurs actions dépendantes les unes des autres. Cette action est *heroïque*, c'est-à-dire, grande, importante, noble par elle-même, & par ceux qui la font ; enfin elle est *merveilleuse*, c'est-à-dire, qu'on y voit employé le ministere des causes celestes, mêlées avec les causes humaines. Pour en donner une idée complette en deux mots, qu'on se represente peints dans un même tableau, les Grecs sur la terre, qui se battent contre les Troyens, & Jupiter dans le ciel, qui pese leurs destinées. Voyez les Principes de litterature. Tom. 2. pag. 177.

V. 193. *C'est dont bien vainement, &c.*]

Malgré le respect qui est dû aux idées de M. Despréaux, nous ne saurions croire que s'il venoit au monde un autre Homere, il ne trouvât pas dans l'histoire de notre Religion une matiere capable d'exercer son génie. Il ne feroit point tonner Jupiter sur le mont Ida. Pallas, Vénus, Mars, Junon, Neptune n'iroient point se battre dans la mêlée. Mais avec quels traits il peindroit le Dieu qui crée l'univers d'une parole, qui ordonne tout, qui donne la vie & le mouvement à tout! Il prendroit pour sujet, peut-être, la chûte du premier homme, peut-être la conquête de Jerusalem, peut-être le siege d'Orléans; mais ce seroit un Homere qui chanteroit! Quel fondement serviroit d'appui au merveilleux ? Le même que celui des Anciens: la persuasion des peuples pour qui il ecriroit. Il mettroit en action, tantôt Dieu lui-même & son Verbe, qui a tant d'éclat dans le Poëme de Milton; tantôt ses ministres, les Anges des nations, les Génies qui president aux astres, aux fleuves, aux montagnes; tantôt l'Ennemi du genre humain. Le Poëte seroit inspiré comme les Prophetes : il prendroit le même ton de révelation : le style oriental de l'Ecriture lui serviroit de modele..... Milton a senti tous ces avantages & en a profité.

V. 253. *N'offrez pas un sujet d'incidens trop chargé*] Le Cid a ce defaut, une insulte, un duel, un combat contre les ennemis de l'Etat, un jugement prononcé par le Roi, un autre combat encore : ç'en est trop en 24 heures.

V. 350. *La Comédie apprit à rire sans aigreur*] Aristote a défini la Comédie, Chap. 5 de sa Poëtique, *l'Imitation du pire*, comme le poëme héroïque, *l'Imitation du meilleur*. Pourquoi seroit-on etonné de voir employé le mot *pire*, qui est le seul propre, & le plus court, pour bien rendre l'idée d'Aristote. La Poësie héroïque charge *en beau* : la Comédie charge *en mauvais*, & aggrave la difformité du vice pour le rendre plus ridicule : car le ridicule seul est l'objet de la Comédie. Le Philosophe disserte contre le vice ; un Satyrique le reprend aigrement, un Orateur l'attaque avec force, un Poëte comique le rend ridicule, & produit seul quelquefois plus d'effet que tous les autres ensemble,

Ridiculum acri
Fortiùs ac meliùs magnas plerumque secat res.

Voyez les Rem. sur le chap. 5 de la Poët. d'Aristote.

V. 412. *Et les scènes toujours l'une à l'autre liées*] Voici ce qu'enseigne Corneille sur la liaison des scènes : » La liaison des scènes
» qui unit toutes les actions particulieres de
» chaque acte, l'une avec l'autre, est un grand
» ornement dans un Poëme, & sert beau-
» coup à former une continuité d'action, par
» la continuité de la représentation. . . . Les
» Anciens ne s'y sont pas toujours assujettis,
» bien que la plûpart de leurs actes ne soient
» chargés que de deux ou trois scènes. . . . .
» Mais nous y avons tellement accoutumé
» nos spectateurs, qu'ils ne sauroient plus voir
» une scène detachée, sans la marquer pour
» un defaut. . . . Le quatrieme acte de Cinna
» demeure au-dessous des autres par ce man-

» quement ; & ce qui n'etoit point une regle
» autrefois, l'est devenu par l'assiduité de la
» pratique. *Tom.* 1. *Disc.* III.

» J'ai parlé de trois sortes de liaisons dans
» l'examen de *la Suivante.* Celle de *vue,* quand
» l'acteur qui entre sur le théatre voit celui
» qui en sort, ou que celui qui sort voit ce-
» lui qui entre ; soit qu'il le cherche, soit
» qu'il le fuie ; soit qu'il le voie simplement
» sans avoir intérêt à le chercher, ni à le fuir.
» Celle de *presence* & de *discours*, qui se fait
» lorsqu'un acteur ne sort point du théatre,
» sans y en laisser un autre à qui il ait parlé ;
» Je la prefererois de beaucoup à celle de *bruit*
» qui ne paroît pas supportable, s'il n'y a de
» très-justes & très-importantes occasions
» qui obligent un acteur à sortir du théatre,
» quand il en entend ; car d'y venir simple-
» ment par curiosité, pour savoir ce que veut
» dire ce bruit, c'est une si foible liaison que
» je ne conseillerois jamais à personne de s'en
» servir. *Tom.* 6. *Exam. de la Suivante.*

» Les liaisons de presence & de discours
» ensemble, ont sans doute toute l'excellen-
» ce dont elles sont capables ; mais il en est

„ de discours sans presence, & de presence
„ sans discours, qui ne sont pas dans le mê-
„ me degré. Un acteur qui parle à un autre,
„ d'un lieu caché, sans se montrer, fait une
„ liaison de discours sans presence, qui ne
„ laisse pas d'être fort bonne ; mais cela arri-
„ ve fort rarement. Un homme qui demeu-
„ re sur le théatre, seulement pour entendre
„ ce que diront ceux qu'il y voit entrer, fait
„ une liaison de presence sans discours, qui
„ souvent a mauvaise grace, & tombe dans
„ une affectation mendiée, plutôt pour rem-
„ plir ce nouvel usage qui passe en precepte,
„ que pour aucun besoin qu'en puisse avoir
„ le sujet..... Autre chose est, quand ils se
„ tiennent cachés, pour s'instruire de quel-
„ que secret d'importance, par le moyen de
„ ceux qui parlent, & qui croient n'être en-
„ tendus de personne; car alors l'intérêt qu'ils
„ ont à ce qui se dit.... leur donne grande
„ part en l'action, malgré leur silence. *Tom.*
1. *Disc.* III.

FIN.

TABLE
DES QUATRE POËTIQUES.

A. designe Aristote ; H. Horace ; V. Vida ; D. Despréaux ; R. les Remarques : le chiffre romain designe le chapitre, ou le chant ; le chiffre arabe le numero ou le vers.

Absurde, peut être quelquefois employé dans l'Epique, jamais dans le Tragique, & pourquoi, *A.* XXIII. 6. Couvert par l'art d'Homère, *A.* XXIII. 8. & R.

Accord des parties, *D.* I. 178.

Actes d'une Tragedie; seront au nombre de cinq, *H.* 189. & R. *Acte & action* comment different, *A.* VII. 4. R. *D. R.* p. 87.

Acteurs, trois suffisent dans une Tragedie, *H.* 193.

Action, partie la plus importante d'un Poëme, *A.* VI. 7. est avant les mœurs, ou caracteres, *ibid.* sa composition, *ibid.* VII. sera une, *ibid.* VIII. 1. entiere & comment, VII. 3. sera etendue jusqu'à un certain point, *ibid.* 4. mesure de cette etendue, *ibid.* 5. sera vraisemblable, IX. 1. doit être preparée dès le commencement, *D.* III. 27.

Partie IV. G

Admirateurs sots, communs en ce siecle, D. I. 226.

Agamemnon, son caractere, D III. 110.

Agrémens de la diction, dans la Tragedie, A. VI. 3.

Allusions, aux expressions des Anciens, V. III. 257.

Ame & mœurs des Auteurs sont peintes dans leurs ouvrages, D. IV. 91.

Ami sage, ses conseils, D. I. 200. Amis doivent être prompts à censurer, D. I. 186.

Amour, dangereux pour le jeune Poete, V. I. 365. *Honnête,* peut être employé dans un Poeme, D. IV. 97. introduit au Théatre, D. III. 93.

Amoureux sans amour, froids dans l'Elégie, D. II. 45.

Apostrophe, figure, V. III. 130.

Apparence du bien, trompe, H. 25 & R.

Arioste, loué, D. III. 290.

Ariphrades, censeur ignorant du langage poëtique, A. XXI. 4. R.

Aristarque, H. 450.

Aristote, avoit tout ce qui etoit necessaire pour faire une Poëtique excellente; *Avant. prop.* pag. 4.

Art de faire passer le faux, enseigné par Homère, A. XXIII. 7. & R.

Art ne rougit point chez les Poëtes, V. III. 115. apprend à franchir les limites de l'Art, D.

v. 80. Art de Sinon dans l'Eneïde; d'Ulysse; de Vénus, *V.* II. 496.

Art de traiter ce qui regarde la pudeur, *V.* II. 526.

Assortiment des mots, demande beaucoup d'art, *H.* 45.

Attrait des vers, suffit pour animer un Poëte, *V.* I. 286.

Auteurs, doivent être dociles aux avis, *D.* IV 59. sont la plupart intraitables à la critique, *D.* I. 208. *H.* 453. & R. cherchent plus à être loués qu'eclairés, *D.* I. 222.

Ballade *D.* II. 141.

Bassesse, doit être evitée en tout genre, *D.* I. 79.

Bergerac, loué par opposition aux Poëtes ennuyeux, *D.* IV. 39.

Bienséance, doit être gardée avec soin, *D.* III. 123.

Bon-sens, doit regner par-tout, *D.* I. 28. souvent difficile à saisir & à suivre, *ibid.* 46.

Burlesque, trompa d'abord, infecta la Cour & les Provinces; fut enfin rejeté, *D.* I. 81.

Caracteres des Ages, *H.* 158. *D.* IV. doivent être conservés, *H.* 176. *D.* IV. *de propriété*, difficiles à bien marquer dans des sujets de pure invention, *H.* 128. & R.

Catastrophe, sera dans la Tragedie, du bonheur au malheur, *A.* XII. 3. & R. simple plutôt que double, *ib.* par une faute, non par un crime, *ibid.*

Censeur, necessaire aux Poëtes, H. 387. doit être choisi avec reflexion, D. IV. 71. doit être egalement eclairé & sincere, H. 438.

Censures justes, sur quoi elles tombent, A. XXIV. 12. 13. & R.

Chant-musical, reunit trois choses, les Paroles, le Rhythme, & les Intonations, A. R. 277.

Chœur, doit faire l'office d'un acteur, A. XVII. 6 H. 193. son caractère H. 195. & suiv.

Cherile, mauvais Poëte, H. 357.

Ciceron, source pour les jeunes Poëtes, V. 1. 385.

Circonstances basses, ne doivent jamais être employées. D. III. 260.

Clarté d'expression, essentielle; V. III. 20. D. 1. 142. suit la clarté de l'idée, D. 151.

Comédie, sa definition, A. VI. & R. fait les hommes plus mauvais, A. II. 2. ses progrès moins connus que ceux de la Tragedie, & pourquoi, ibid. v. 2. doit à Epicharme & à Phormis d'avoir une action, ibid. à Cratès Athenien, d'avoir une action generalisée, ib. la Vieille eut d'abord de grands succès, puis fut reprimée par les loix H. 281. & R. D. III. 335. Moyenne, & Nouvelle, H. R. pag. 98. eleve quelquefois le ton, H. 93 & R. doit badiner noblement, D. III. 405.

Comparaisons, peuvent être du grand au petit & ne doivent descendre à l'ignoble, V. II. 285. doivent être courtes, *ibid.* III. 165.

Connoître son talent, V. I. 39. D. I. 1.

Continuité d'action, D. III. 46 & R.

Contradictions apparentes, se justifient, & comment, A. XXXIV. II.

Correction d'un ouvrage, travail penible, V. III. 473. doit se faire à plusieurs reprises, en differens temps, en differens lieux, *ibid.* doit avoir des bornes, pourquoi V. III. 509.

Couleurs, chaque Poeme a la sienne, H. 86. & R.

Creation Poëtique, doit suivre la nature, H. 120. & suiv. R.

Critique, sur quels objets elle peut tomber, A. XXIV. I. les Poëtes doivent l'exercer sur eux-mêmes, D. I. 184. doit être adroite & douce envers un jeune Poete, V. I. 466. pourquoi, *ibid.*

Début doit être modeste, pourquoi, H. 137. V. II. 30. D. III. 270. celui de l'Odyssée donné pour exemple, *ibid.* doit être piquant pour la curiosité, V. II. 56 & par le milieu des choses, H. 147, V. II. 57.

Défaut de verité, s'excuse par le mieux, A. XXIV. 4. par l'opinion, *ibid.* 5. de vraisemblance, par le vrai, 6. de diction, par les figures, par l'accent, &c. *ibid.*

Denouement, doit être tiré du sujet, A XIV. 7. & R. doit être apperçu dans un lointain obscur, V II. 124. celui qui se fait par la joie dans la Tragedie, est plus comique que tragique, A.

XII. 5. sera naturel, *D.* III. 56.

Descriptions, riches, *D.* III. 258. de Tempêtes, *V.* II. 370. de Combats, de Villes prises d'assaut, *ibid.* moyens de varieté, II. 260.

Details superflus, blâmés, *D.* I. 50.

Diction, ce que c'est, *A.* VI. 9.

Differences genériques & spécifiques de la Poësie, par les Moyens, par les Objets, par la Manière, *A.* I. 2.

Digressions, ne doivent pas être trop longues, *V.* II. 166.

Disposition des choses dans un Poëme, *V.* II.

Dithyrambe, ce que c'est, *A.* I. 2. R.

Drame, origine de ce mot, *A* III. 2.

ECRIVAIN supérieur, n'a point de jalousie, *D.* IV. III.

Education du Poëte, *V.* I. 85.

Efforts vains, faute de talent, *V.* I. 355.

Elegie a un style plus elevé que l'Idylle, *D.* II. 38. peint la joie & la tristesse, *ibid.* 41.

Elocution Poëtique, doit être claire & relevée, & comment, *A.* XXI. doit être ornée, & comment, *ibid.* XVIII. 3. R. doit être claire par elle-même, *V.* III. 15. a mille moyens pour l'être. *ibid.*

Eloge de la Poësie, *D.* IV. 131. de Virgile, *V.* III. 576. de Louis XIV. *D.* IV. 190.

Emotions, quelles, sont propres à la Tragedie, *A.* XIII. 1. & R.

Empedocle, exemple de

Poëte phrénétique, H. 462.

Emprunts utiles aux Poetes, V. III. 245.

Enée, son caractère, D. III. 111.

Enflure de Style, D. I. 98.

Ensanglanter la Scène, pourquoi defendu, A. R. 237.

Enthousiasme, ses effets, V. II. 445. doit être soumis à la raison, & jugé de sang-froid; *ib*.

Epigramme, ce que c'est, D. II. 103. pointes apportées d'Italie, employées par-tout, *ibid*. celle de l'Epigramme doit être dans la pensée, non dans le mot, *ibid*. 128.

Episode, ce que c'etoit dans la Tragedie ancienne, A. IV. 6. R. d'Aristée, V. II. 252.

Epopée, sa definition, A. V. 3. sa forme, son vers, son etendue; *ib*. en prose ou en vers, I. 3. R. caracterisée par l'imitation & non par le vers *ibid*. ses différences, d'avec la Tragedie, quant à l'etendue & quant au vers, A. XXIII. 2. animé tout, D. III. 160. orne, elève, embellit, aggrandit tout, *ibid*. 175. a un grand avantage sur la Tragedie, A. XXIII. 3. & R. Poesie des hommes moderés, *ib*. XXV. I. R. est toutefois inferieure à la Tragedie, *ibid*. 2.

*F*ABLE, ou composition d'une action Poetique, partie la plus importante d'un Poeme, A. VI. 6. R. pourquoi, *ib*. est simple, ou implexe, ou pathetique, ou morale, A. X. 1. 2. 5, R. Episodiques sont mauvaises, A. IX. 5. R.

Fables reçues, ne doi-

G iv

vent être changées, *A.* XIII. 2. R.

Fable mythologique, peut être employée dans un sujet chretien, jusqu'à quel point, *D.* III. 220.

Fat, ouvre quelquefois un bon avis. *D.* IV. 50.

Fautes en Poësie, comment s'excusent, *A.* XXIV. 3. pardonnables, *H.* 346.

Femmes dans la Tragedie, plus mauvaises que bonnes; *A.* XIV. 1. R.

Fiction, sera toujours vraisemblable, *V.* II. 305. surtout celle qui est faite pour le plaisir, *H.* 338. doit eviter les absurdités, *ibid* 340.

Figures, doivent être frequentes en Poësie, *D.* III. 287.

Flatteurs, trompent les Poëtes, *H.* 420. raillent en louant, *D.* I. 193.

Flûte, chez les Romains, au commencement plus douce, plus simple, & pourquoi. *H.* 203. R.

Foiblesse des Heros, ajoute à la verité de leurs portraits, *D.* III. 104.

GENIE, necessaire aux Poëtes, *D.* I. 6.

Genres, ont chacun leur style, *V.* III. 174.

Gloire, doit être le seul objet des Poëtes; *D.* IV. 125.

Goût du decent, *V.* II. 541.

Grecs, avoient le genie & le goût, *H.* 323.

HARDIESSE, sied aux Poëtes, *V.* III. 303.

Harmonie, forma la societé humaine, *H.* 391. imitative, embrasse les sons, les mots, les mètres, les nombres, *V.*

XII. 335. D. IV. 151.

Hâtez-vous lentement, D. I. 171.

Hemistyche, D. I. 106.

Heros, doit être interessant, D. III. 245.

Hiatus, D. I. 107.

Histoire, necessaire au Poëte, & jusqu'à quel point, V. I. 391.

Homère, loué dignement, D. III. 295. Premier de tous les Grecs, V. I. 135. a peint les hommes meilleurs, A. II. 2. R. n'a point traité la guerre de Troie en entier, & pourquoi, A. XXII. 2. sommeille quelquefois, H. 359. R.

Horace n'a pas eu dessein de nous donner un traité complet de poëtique, H. Av. prop. 1. fait l'office de pierre à aiguiser, H. 304. a bu son soûl quand il voit les Ménades, D. IV. 184. satyrique enjoué, D. II. 151.

Hyperbole, V. III. 116.

Iambe, ce que c'est, H. 251.

Iambique, vers de tous le plus naturel, A. IV. 6. Trimetres & Tetrametres, *ibid.* R. Trimetres d'Ennius, blâmés, H. 258. pourquoi, *ibid.* R.

Idylle, comparée à une bergere parée, D. II. 5. doit être simple, douce, naïve, *ibid.* ne veut point de grands mots, *ibid.* ni un langage bas, *ibid.* milieu difficile, *ibid.*

Ignorance, s'admire, D. I. 185.

Imitateur doit user d'une juste liberté, H. 134.

Imitation, essence des beaux arts, *A.* I. 2. par le recit & par l'action, & par l'un & l'autre, *A.* III. 1, des hommes ou des actions, *ibid.* VI...

Imitations des Auteurs, ont leur mérite, souvent egal à l'invention, *V.* II. 545.

Incidens, ne doivent être trop multipliés, *D.* III. 253.

Integrité d'action, *A.* VII. 2. *D.* III. 45. & R.

Invention ne se fait point par art, *V.* R. 220.

Invocation dans un Poëme epique, est d'usage & pourquoi, *V.* II. 21.

— *Ironie*, *V.* III. 136.

Jeux & delassemens du jeune Poëte, *V.* I. 340.

Juvénal, satirique outré, *D.* II. 157.

Langue, doit toujours être reverée, *D.* I. 155. Latine, pleine de mots grecs d'origine, *V.* III. 276.

Larcins permis, *V.* III. 210. comment doivent être faits, *ibid.* 215.

Latin, dans les mots brave l'honnêteté, *D.* II. 175.

Le Tasse, loué avec restriction, *D* III. 211.

Liaison des scènes, *D.* R. 94.

Liberté d'esprit nécessaire aux Poetes, *V.* I. 486.

Lieu de la scène, doit être fixe, & marqué. *D.* III. 38.

Lucile, premier Poete satyrique chez les Romains. *D.* II. 147.

Madrigal, *D.* II. 143.

Maître, doit mener son eleve par les sentimens, *V*. I. 271. doit parler correctement & pourquoi, *V*. I. 89.

Malherbe, vrai fondateur de la Poësie Françoise, *D*. I. 131.

Marche des Poëtes doit être variée, *V*. III. 440. *D*. I. 75.

Marot, *D*. I. 96 & 119.

Matiere, doit être proportionnée aux forces des auteurs, *H*. 38.

Maximes, ornent un Poeme, *V*. II. 278.

Medicis ont rappelé les Muses en Italie, *V*. I. 192. ont acheté les M. S. des Grecs, *ibid*. 201.

Mediocrité n'est pas permise aux Poëtes, *H*. 368.

Melopée, ce que c'est. *A* VI. 10.

Menandre, modele de la vraie Comedie, *D*. III. 352.

Mensonges evidens, quelquefois permis aux Poëtes, *V*. II. 315.

Merveilleux de l'Epopée, *D*. III. 160. de la Tragédie. *A*. XVII. & R.

Metaphore, sa definition... ses especes, *ibid*. *A*. decrite poëtiquement, *V*. III. 45. employée d'abord par besoin, ensuite par goût. *ibid*. 94. doit être employée sobrement par les Orateurs, *ibid*. 104. outrées, sont vicieuses. *ibid*. 153. signe de genie, *A*. XXI. 5.

Metonimie, *V*. III. 123.

Mimes, *A*. I. 3.

Ministere des Dieux ne doit pas être employé dans une Tragedie, *H.* 191. R. exception. *ibid.*

Mœurs dans un Poëme, ce que c'est. *A.* VI. 8. & XIV. 1. doivent être rendues dans toutes les parties du spectacle. *A.* XIV. 9. seront bonnes moralement, dans la Tragedie. *ibid.* 1. & R. seront convenables, ressemblantes & egales, *ibid.*, 2. 3. 4. R. seront peintes selon le vraisemblable ou le necessaire. *ibid.* seront observées selon les âges, les caractères, les conditions, les passions, *V.* II. 460. *D.* III. 112, bien rendues font plus d'effet que les beaux vers, *H.* 319.

Moliere, loué avec restriction, *D.* III. 393.

Mots, *A.* XIX. leurs elemens, leurs especes, *ibid.* mots simples, composés, XX. mots propres, etrangers, metaphoriques, poetiques de toutes manieres. *A.* XX... vieux, etrangers, barbares. *V.* III. 288. créés par le besoin, *ibid.* 265. comment doivent l'être, *H.* 49. d'où ils doivent être tirés, *ibid.* 52. meurent comme les hommes, *ibid.* R. inutiles, doivent être supprimés. *V.* III. 350.

Musique chez les Grecs, de trois especes, *A.* R. 228. avoit quatre usages, *ibid.* 229. comment purge les passions, *ibid.* 233.

Mysteres du Christianisme ne peuvent entrer dans l'Epopée, *D.* III. 199. peuvent y entrer, R. 199.

N*arrations*, *D.* III. 257.

Nature, etude unique du Poete, *D*. III. 359. feconde en modeles, *ibid*. 369. peu de gens ont des yeux pour la reconnoître, *ibid*. 372. est le guide des arts, *V*.

Necessaire, ce que c'est, *A*. IX. 1. R.

Nœud, ce que c'est, *A*. XVII. 1. & R. Nœud & denouement, non les sujets, font la différence des pieces, *A*. XVII. 3. & R.

Nomes, ce que c'est, *A*. I. 5 & R.

Noms dans la Tragedie même peuvent être tous feints. *A*. IX. 3. noms de la fable heureux pour la poësie, *D*. III. 338.

Nuées d'Aristophane, *D*. III. 343.

O*BJETS odieux*, imités plaisent. *A*. IV. 1. *D*. III. 1. quelquefois sont mieux en récit. *H*. 182. & R.

Ode, son objet, *H*. sublime, quand elle chante les heros, *D*. II. 58. quelquefois semblable à une abeille, *ibid*. 65. marche souvent au hasard, *ibid*. 71. est dereglée par art, 72.

Œdipe, sujet vraiment tragique, *A*. XII. 2. & R.

Oracles ont parlé en vers, *H*. 403. *V*. I. 532.

Orateurs & Poëtes, ont les mêmes objets à rendre; ne doivent être negligés par les Poetes, *V*. II. 496. Orateurs & Poëtes, *V*. R. 216.

Ordonnance d'un Poëme, *V*. II. 51. l'Iliade, modele, *ibid*. 78.

Ordre d'un Poëme, quel il doit être, *H*. 42. & R.

ne doit point être historique, *V.* II. 75. ni didactique, *D.* II. 73.

Oreille des Poëtes, doit être severe, *D.* I. 104.

Origine de la Poësie par ses causes naturelles, *A.* IV. 1. fabuleuse. *V.* I. 516. historique. *ibid.* 1.

Parties de la Tragedie ancienne, *A.* XI. Prologue, Episode, Exode, Chœur, *ibid.*

Parties d'un Poëme doivent être d'accord, *H.* 152. *D.* I. 177.

Passion, ce qu'Aristote entend par ce mot, *A.* X. 7 & R.

Passion, mouvement de l'ame doit regner sur-tout dans la tragédie, *D.* III. 15. chacune a son style, *D.* III. 131.

Peindre d'après la Re- nommée, *H.* 119. & R.

Pensée, sa définition, *A.* VI. 8. les mêmes en poësie que dans l'oraison, *ibid.* XVIII. 2. Recherchées, sont vicieuses, *D.* I. 40. s'échappent quelquefois & ne se retrouvent plus, *V.* I. 70.

Péripétie, ce que c'est, *A.* X. 3. & R.

Périphrase, permise aux Poëtes, *V.* III. 302.

Perse, Poëte satyrique, qui a moins de mots que de sens, *D.* II. 155.

Personnage d'invention, doit être par-tout d'accord avec lui-même, *D.* III. 124.

Peur d'un mal jette dans un pire, *D.* I. 64.

Phemonoë, inventa le vers héroïque, *V.* I. 36.

Plaire par la raison seule, D. III. 423.

Plan d'un ouvrage doit être d'abord tracé en prose, V. I. 75. & dans le général, A. XVI. 2.

Plaute, critiqué, H. 270. R.

Poëme épique, sa définition, A. V. 3. V. R. pag. 226. sa marche, *ibid.* D. III.

Poëmes, doivent être touchans, H. 99. & R. didactique, n'a pas besoin de fiction, V. R. 228.

Poësie, n'est qu'imitation, A. I. 2. doit imiter la nature, V. II. 455. H. 317. a pour objet de plaire & d'instruire, H. 333. traite les choses dans le général, A. IX. 1. est en récit ou en action, H. 179. & R. se divise en satires & en éloges, A. IV. 2. est plus instructive que l'histoire, pourquoi, A. IX. & R. est comme la peinture, H. 361. ennoblit les plus petites choses. V. III. 75. & R. son origine, A. IV. 1. ses effets, H. 391. sa gloire, *ibid.*

Poësie latine, sa naissance, ses progrès, sa décadence, V. I. 149.

Poëtes, d'où vient ce nom, V. II. 381. & R. ne doivent être nommés de leurs vers, A. I. 3. & R. sont poetes par l'imitation, A. IX. 4. non par la versification, *ibid.* non inspirés, font de vains efforts, V. II. 420. ont des tems de langueur & de stérilité. V. II. 400. comment rappellent le Dieu, *ibid.* 422. leur personne est sacrée, V. I. 502. pourquoi, *ibid.* doivent peindre d'après nature. *H.* 316. doivent connoître les états & devoirs de la vie humaine, *H.* 311. doivent, en composant, se faire acteurs & spectateurs, *A.* XVI. doivent adoucir & non charger les défauts de leurs personnages, *A.* XIV. 8. & R. doivent se montrer rarement dans l'Epopée, *A.* XXIII. 5. ne doivent point se hâter de publier leur ouvrage, *H.* 388.

Poëte (*jeune*), doit lire d'abord Virgile, *V.* I. III. ensuite les Grecs, *ibid.* 113. ne doit point être poete avant l'âge, *V.* I. 334, doit s'essayer d'abord sur de petits sujets, *ibid.* 459, doit tous les jours s'exercer, *ibid.*, 409.

Poëtes (*mauvais*), quelquefois bons à lire, *V.* III. 196. *médiocres* valent moins qu'un artisan, *D.* IV. 26. aveugles sur leurs defauts, obstinés, insensés, *H.* 453. incorrigibles, comparés à la sangsue, 474. Poete temeraire, *D.* III. 313.

Poëtique d'Aristote, écrite comme elle est pensée, *Av. prop.* 5. ne nous est pas venue entiere, *ibid.* 6. suffit cependant pour tous les genres, *ibid.* 7. a dû être traduite litteralement, *ibid.* 11.

Pointes, chassées par la raison, *D.* II. 123.

Portraits des âges H. 156. *D.* III. 375.

Preceptes, doivent être courts, *H.* 335.

Précepteur du Poëte, sera choisi entre mille, *V.* I.

V. 1. 217. Ses qualités, son art, sa conduite, *ibid.*

Progrès de l'intérêt avec celui de l'action, *D.* III. 55.

Promethée, deroba l'art des vers, *V.* I. 520.

Proposition du sujet, *V.* II. 17.

Provisions, de mots & d'idées, *V.* I. 62

Racan, *D.* I. 18.

Raison, guidera le Poëte, *V.* II. 160.

Recit, en quelle occasion doit être preferé au spectacle, *D.* III. 51.

Reconnoissance, ce que c'est, *A.* x. 4. ses especes, *ibid.* XV.

Regnier, satyrique françois, *D.* II. 169.

Religion, doit toujours être respectée, *D.* II. 187.

Repetition, figure, *V.* III. 119.

Repetitions, doivent être évitées, *V.* II. 305.

Rhythme, ce que c'est, *A.* I. 3. R.

Ridicule, sa definition, *A.* V. 1.

Rime, esclave, doit obeir, *D.* I. 30.

Romains, inferieurs aux Grecs dans la poesie, *D.* III. 80.

Rondeau, *D.* II. 140.

Ronsard, fit un art à sa mode, *D.* I. 124.

Satire, contre les vices, fille de la verité, *D.* II. 146.

Satires, drames, *H.* 220. & *R.* comment doivent être traitées, *ibid.*

Partie *IV.*

H

Scène vuide, vicieuse, D. III. 408.

Sens droit, necessaire avant tout, H. 309.

Sonnet, ses regles, 85.

Sophocle, perfectionna la tragedie, A. IV. 6. D. III. 75.

Sot, critique dangereux, D. IV. 61.

Spectacle, n'est point l'affaire du Poete, A. VI. 11.

Style, doit être conforme aux situations, H. 105. & aux caracteres, *ibid.* 114. simple, mediocre, sublime, V. III. 442.

Style de la tragedie, D. III. 151. des chœurs sublime & obscur, H. 217.

Sujet, ne doit être commandé, V. I. 50. doit plaire au Poete, *ibid.* ne doit être pris à l'origine, H. 149. doit être expliqué d'abord, D. III. 37.

Talent de la poesie, peut se reconnoître, & à quels signes, V. I. 315.

Tempête épique, D. III. 181.

Termes & tours vulgaires, indignes de la poesie, V. III. 183. propres, quelquefois preferables aux figures, V. III. 150.

Terreur & Pitié, ame & effets de la tragedie, D. III. 18. ce qui les excite, A. XII. 1. doivent être excitées par l'action, non par le spectacle, A. XIII. 1.

Théâtre François, quel il fut dans son origine, D. III. 8.

Théocrite & Virgile, modeles de l'Eglogue, *D.* II. 26.

Thersite, son portrait deplacé, *V.* II. 179.

Thespis, inventeur de la tragedie, *H.* 275. *D.* III. 67.

Thyeste, sujet tragique, *A.* XII. 2. & R.

Tibulle & Ovide, modeles de l'Elegie, *D.* II. 54.

Tmese, figure, *V.* III. 316.

Tragedie, sa définition, *A.* VI. 2. est imitation des actions & non des hommes, *ibid.* 7. & R. a six parties, *ibid.* 5. & 6. & R. peint les hommes meilleurs, *A.* II. 2. Quels hommes elle doit presenter, *ibid.* XII. purge les passions, & comment, *ibid.* VI. 2. & R. n'a point pour objet un point de morale, *A. R.* pag. 238. abaisse son style dans la douleur, *H.* 95. *D.* III. 141. est de quatre especes, *A.* XVII. 2. & R. emploie les noms de l'histoire & pourquoi, *A.* IX. 3. l'emporte sur l'Epopée, *A.* XXV. n'étoit dans l'origine, qu'un chœur chantant, *D.* III. 6. 1. ses premiers developpemens, *A.* IV. 6.

Tragique, en quoi il consiste, *A.* XIII. 3. dans les malheurs & les personnes, *ibid.*

Travailler à loisir, *D.* I. 163.

Trimetre, vers, *A.* IV. 6.

Triomphe, poetique de Leon X. *V.* II. 580.

Tristesse, s'abaisse dans son style, *D.* III. 135.

U*nité* de sujet, de nature, d'objet de proportion, *H.* 23. & R. de lieu, de jour, d'action dans la tragedie, *D.* III. 45. & R. plus exacte dans la tragedie, que dans l'Epopée, *A.* XXV. 3.

Usage, regle, juge, maître des langues, *H.* 72. & R.

Utile, doit se joindre à l'Agreable, *H. D.* IV. 88.

V*alets*, dans la Comedie, toujours mauvais, *A.* XIV. 1. & R.

Variété, necessaire dans les ouvrages de goût, *V.* II. 220. a ses regles & ses bornes, *H.* 29.

Vérité, dans les mœurs, *H.* 317. *D.* III. 415. juge, sans faste, *D.* I. 198.

Vers, langage des Dieux, *V.* I. 534. sont de plusieurs especes, *V.* I. 27. iambiques, *H.* 80. lyriques, 83. heroïques, 73. élegiaques, 75. heroïque seul convenable à l'Epopée, *A.* XXIII. 4. maigre, gigantesque, lourd, rapide, tombant, &c. *V.* III. 411. & suiv.

Villon, *D.* I. 117.

Vraisemblable, ce que c'est, *A.* IX. 1. R. ses especes, *ibid.* sa difference du vrai & du possible, *ibid.* & R.

Vraisemblance, doit être gardée en tout, *D.* III. 47.

Vaudeville François, enfant de la gaité. *D.* II. 181.

De l'Imprimerie de Michel LAMBERT, rue de la Harpe, près Saint Côme.

Ouvrages de M. l'Abbé BATTEUX.

COURS de Belles-Lettres, ou Principes de Litterature, *in-*12, 5 *vol.*   12 liv. 10 f.

Traduction d'Horace, avec le latin à côté & de courtes notes, *in-*12, 2 *vol.*   5 liv.

Construction Oratoire, *in-*8°.   3 liv.

Nouvel examen du prejugé sur l'Inversion, pour servir de reponse à M. Beauzée, *in-*8°. *broch.*   1 liv. 4 f.

Morale d'Epicure, tirée de ses propres ecrits, *in-*8°.   3 liv.

Histoire des Causes premieres, ou exposition sommaire des pensées des Philosophes sur les principes des êtres ; *Ocellus Lucanus*, sur la nature de l'univers ; Timée de Locres, sur l'ame de l'univers ; & Lettres d'Aristote à Alexandre sur le monde en general, traduits en françois, avec le texte grec à côté, & des Remarques, *in-*8°. 2 *vol. pap. double*,   14 liv.

[2]

L'Histoire des Causes premieres *se vend sepa-rement*, pap. ordinaire, *in-8°.* 5 liv.
Le volume qui contient les ouvrages Grecs, ne se separe pas.

FIN.

L'Extrait du Privilege se trouve dans l'Edition *in-*12.

www.ingramcontent.com/pod-product-compliance
Lightning Source LLC
Chambersburg PA
CBHW060054190426
43201CB00034B/1499